당신의 사업 매출과 성장에 특이점을 가져오는 마법

컨설팅 경영 경영자 편

KB193087

당신의 사업 매출과 성장에 특이점을 가져오는 마법
컨설팅 경영 경영자 편

초판 1쇄 인쇄 2025년 3월 24일
초판 1쇄 발행 2025년 4월 19일

지은이 황창환

발행인 백유미 조영석
발행처 (주)라온아시아
주소 서울특별시 서초구 방배로 180 스파크플러스 3F

등록 2016년 7월 5일 제 2016-000141호
전화 070-7600-8230   **팩스** 070-4754-2473

값 22,500원
ISBN 979-11-6958-190-5   (13320)

라온북은 독자 여러분의 소중한 원고를 기다리고 있습니다. (raonbook@raonasia.co.kr)

당신의 사업 매출과 성장에
특이점을 가져오는 마법

컨설팅 경영

경영자 편

즉시 활용 가능한
30일 매출 2배
영업전략

한필한 지음

IPO, 투자 유치, 해외 진출, M&A를 통해
기업 가치를 10배로 증폭시키는 비법!

끊임없이 진화하며, 흔들림 없는 기업방어체계로
100년 기업의 설계도를 준비하라!

RAON
BOOK

내일을 향한 열망으로 불면의 밤을 지새우는
경영인의 고민을 해결해 주는 '원샷원킬' 해결사!

▣ 한 번의 결정이 당신의 비즈니스 인생을 바꾼다

다가오는 세상, 기업환경의 변화에 대해 지금 당신이 느끼는
불안은 결코 과장된 것이 아닙니다. 기술과 시장은 너무나 빠르
게 바뀌고 있으며, 단 몇 달의 망설임조차 돌이킬 수 없는 결과
를 가져올 수 있습니다. 끝없이 노를 젓지 않으면 급류에 휩쓸리
고 마는 뗏목이 아니라, 험한 파도에도 의연한 강한 엔진을 가진
요트의 노련한 선장처럼, 당신은 변화하는 사업의 판을 주도적
을 끌고 나갈 준비가 되어 있습니까?

특히 40·50대의 경영자와 관리자라면, 노후에 대한 불안과
직장에서의 위치에 대한 고민으로 잠 못 드는 밤이 많을 것입니
다. 제한된 자원으로 중요한 결정을 내려야 하는 소상공인, 예비
창업자, 프리랜서의 삶도 매일 긴장의 연속입니다. 그래서 지금

이야말로 '컨설팅 경영'이 필요한 순간입니다.

　필자는 지난 20년간 다양한 기업들과 함께하며, 위기를 극복하고 성장한 많은 사례를 목격했습니다. 그들이 가진 공통점은 바로 '컨설팅 경영'을 통한 실행력과 명확한 전략이었습니다. 전문가의 도움 없이도, 스스로 문제를 분석하고 해결할 수 있는 실전 노하우가 필요했던 것입니다.

▣ 홀로 감당하지 말고, 경험을 나눠라

　많은 경영자는 혼자 모든 짐을 떠안고 있습니다. 그러나 정상에서 느끼는 외로움과 책임의 중압감은 당신 혼자만의 문제가 아닙니다. 이 책에는 비슷한 어려움을 겪은 다른 경영자들의 생생한 경험과 해결책이 담겨 있습니다. 그들의 이야기를 통해 당신은 더 이상 혼자가 아니라는 위안을 얻고, 구체적인 실행 방법을 배울 수 있습니다.

▣ 이 책에서 무엇을 얻을 수 있는가?

　1장에서는 왜 지금 '컨설팅 경영'이 필요한지에 대한 시대적 요구의 당위성을 설명하며, 컨설팅 경영이 기업과 개인에게 어떤 경쟁력을 제공할 수 있는지 명쾌하게 제시합니다.

　2장부터는 즉시 현장에서 실행할 수 있는 구체적인 전략을 다룹니다. 각 장마다 성공의 핵심인 '킹핀 3가지'를 중심으로 명확히 정리했고, 실제 기업의 성과를 담은 다양한 사례와 활용 가능한 템플릿, 체크리스트도 제공합니다.

◪ 성장하고 싶다면, 실행이 답이다

AI, ESG, 디지털 전환은 더 이상 선택이 아니라 생존의 필수 조건입니다. 40·50대 관리자는 독서와 학습이 경쟁 우위를 만들어 준다는 것을 이미 알고 있습니다. 그런 맥락에서 이 책은 이론이 아니라 바로 당신이 사용할 수 있는 실질적이고 구체적인 실행 전략을 제공합니다.

기업의 경영자와 임원, 현장의 관리자가 즉시 활용할 수 있도록 실제 사례와 실전 매뉴얼을 충실히 담았습니다. 독자들은 이를 통해 현장에서 즉각적으로 성과를 개선하고, 지속 가능한 성장을 이루어낼 수 있을 것입니다.

◪ 짧은 기간 내 확실한 성과, 과장이 아니다

수백 건의 컨설팅 경험을 통해 확인한 것은, 기업의 성공은 거창한 혁신이 아닌 철저한 실행과 명확한 목표 관리에서 출발한다는 사실입니다. 이 책은 이를 누구나 쉽게 적용할 수 있도록 명료하게 구성했습니다.

《컨설팅 경영》 시리즈의 완결판인 이 책은 기존의 소상공인 편, 컨설턴트 편, 강한 영업 편과 함께 활용하면 훨씬 더 큰 효과를 낼 수 있습니다.

◪ 당신의 오늘이 내일을 바꾼다

바로 눈앞에서 응급환자의 목숨을 구할 수 있는 의사의 가치가 그 무엇과 비할 수 없이 고귀하듯, 당장 눈앞에서 타인의 고민과 문제를 해결할 수 있는 솔루션을 제공할 수 있다면 그것은 최고의 컨설팅입니다. 당신이 지금 사업에서 겪고 있는 고민과 불안을 해결하고, 더 나은 미래로 나아가는 길을 구체적으로 제시하는《컨설팅 경영》시리즈의 가치 역시 그런 점에서 더욱 귀중할 것이라 확신합니다.

　혼자 모든 것을 짊어진 듯한 외로움 속에서도, 여전히 가슴속에 성장에 대한 열망이 용암처럼 끓어오르고 있다면, 지금 바로 이 책과 함께 첫걸음을 내디디십시오. 선택을 미루는 동안 경쟁자는 이미 앞서가고 있습니다.《컨설팅 경영》과 함께라면 당신의 내일은 완전히 달라져 있을 것임을 약속합니다.

2025년

황창환

Contents

Chapter1. 생존의 갈림길
: 지금 시작하지 않으면 1년 내 소멸한다

Chapter2. 90일 성과폭발 매뉴얼
: 3개월 만에 매출 50% 급증

Chapter3. 매출 2배 영업전략
: 30일 만에 수익 폭증시키는 비밀

CHAPTER4. 기업가치 10배 증폭 비법
: IPO·M&A 승률 높이는 브랜딩

Chapter5. 흔들림 없는 기업방어체계와
100년 기업 설계도

Chapter.1

생존의 갈림길
: 지금 시작하지 않으면
1년 내 소멸한다

AI·무역전쟁·인건비 폭등·시장 포화가 동시에 몰려오는 상황에서도, '조금만 더' 실행하면 매출을 10배 도약시킬 수 있는 방법은 분명히 존재한다. 단기성과와 백년기업을 동시에 잡는 실행 시스템을 제시하고, 망설임으로 인한 치명적 손실을 뛰어넘어 즉시 행동하는 기업만이 미래를 선점한다는 통찰을 전한다.

AI 패권과 글로벌 무역전쟁
: 뉴 노멀 시대의 승자와 패자

세계 경제의 지각이 소리 없이 흔들리고 있다. 그 어떤 지진계도 감지하지 못할 만큼 서서히, 그러나 돌이킬 수 없을 만큼 근본적으로. 우리는 지금 미국과 중국이 주도하는 AI 패권 전쟁, 글로벌 무역 질서를 재편하는 관세 전쟁, 그리고 한국 경제의 뼈대를 재구성하는 구조적 저성장이라는 세 가지 거대한 변화의 소용돌이 한가운데 서 있다. 이 격변의 시대에 기업들은 두 부류로 나뉘고 있다. 변화의 물결을 읽고 과감히 도전하는 기업과, 익숙함에 안주하며 점진적 개선에 머무르는 기업. 전자는 이미 미래를 향해 질주하고 있고, 후자는 서서히 침몰하는 배 위에서 아직도 항로를 논하고 있다. 당신의 기업은 어디에 속해 있는가?

격변의 시대 : 혁신과 보수?

▣ AI 패권 전쟁 : 보이지 않는 전선에서의 생존 게임

AI는 더 이상 실리콘밸리의 화려한 실험실이나 IT 거인들의 전유물이 아니다. 이제 AI는 모든 산업의 운명을 결정짓는 핵심 도구가 되었다. 제조업에서 서비스업까지, 농업에서 금융업까지, AI의 영향력은 전방위적으로 확산되고 있다.

글로벌 시장에서는 이미 AI를 전면적으로 도입한 기업과 그렇지 못한 기업 간의 격차가 현저하게 벌어지고 있다. 미국의 한 자동차 부품 제조업체는 AI 기반 예측 분석 시스템을 도입해 불량률을 87% 감소시킨 반면, 같은 산업군의 전통적 방식을 고수한 경쟁사는 시장 점유율을 15% 잃었다. 이것은 시작에 불과하다. 우리 기업들의 현실은 어떠한가? 몇몇 대기업들은 AI 연구소를 설립하고 자체 기술 개발에 뛰어들었지만, 대다수의 중소기업들은 여전히 AI를 '언젠가는 도입해야 할 미래 기술'로 인식하고 있다. 이러한 인식의 격차가 바로 미래의 시장 격차로 이어질 것이다.

"AI를 검토 중입니다"라는 말은 이제 "우리는 뒤처질 준비가 되어 있습니다"라는 선언과 다름없다. AI는 더 이상 '옵션'이 아니라 '필수'가 되었다. 작은 스타트업부터 중견기업까지, 어떤 규모의 기업이든 AI를 비즈니스에 통합하지 않으면 5년 내에 경쟁에서 완전히 도태될 것이다. 가장 위험한 착각은 '우리 업종은 AI와 무관하다'는 생각이다. 요식업, 소매업, 제조업, 심지어 전통 수공업까지 AI의 영향력은 모든 산업에 걸쳐 있다. 고객 경험을 개인화하고, 재고를 최적화하며, 운영 효율성을 높이는 AI의 능력은 보편적이다. 특정 산업이 AI의 영향권 밖에 있다고 믿는 것은 디지털 카메라의 등장 앞에서 필름 산업이 안전하다고 믿었던 코닥의 오판과 다를 바 없다.

▣ 관세 전쟁 : 흔들리는 글로벌 무역의 판도

미중 갈등은 단순한 무역 분쟁을 넘어 기술, 안보, 이념이 얽힌 복합적 패권 경쟁으로 진화했다. 이러한 구조적 충돌은 일시적 현상이 아니라 향후 수십 년간 지속될 새로운 국제 질서의 시작이다. 특히 반도체, 배터리, 희토류 등 첨단 기술의 핵심 자원을 둘러싼 경쟁이 치열해지면서 글로벌 공급망이 재편되고 있다. 미국은 'CHIPS Act'를 통해 반도체 산업의 본국 회귀를 촉진하고, 유럽연합은 'Battery Alliance'를 통해 전기차 배터리의 자체 생산을 추진하고 있다. 중국 역시 '중국제조 2025'와 '쌍순환 전략'을 통해 기술 자립과 내수 시장 강화에 총력을 기울이고 있다.

이러한 변화 속에서 한국 기업들은 전통적인 '수출 주도' 성장 방식의 한계에 직면하고 있다. 중국에 대한 수출 의존도가 높은 한국 경제는 미중 갈등의 직접적인 영향권에 놓여 있으며, 주요 수출 품목인 반도체, 배터리, 자동차 산업은 보호무역의 주요 타깃이 되고 있다.

신흥국 기업들의 추격도 더욱 거세지고 있다. 중국 기업들은 중저가 시장을 넘어 프리미엄 시장까지 공략하며 한국 기업의 시장 점유율을 잠식하고 있다. 베트남, 인도, 멕시코 등 신흥 제조국들은 저렴한 노동력과 적극적인 외자 유치 정책으로 글로벌 기업들의 새로운 생산 기지로 부상하고 있다. 이러한 변화는 한국 기업들에게 공급망 다변화, 현지화 전략, 비즈니스 모델 혁신이라는 세 가지 과제를 던지고 있다. 더 이상 단일 지역에 의존하는 것은 치명적인 리스크가 되었다. 베트남 생산 기지가 갑작스러운 팬데믹으로 문을 닫았을 때, 다변화된 생산 네트워크를 갖춘 기업들만이 위기를 기회로 전환할 수 있었다.

▣ 저성장 시대 : 효율적 성장의 시대가 열리다

한국 경제는 이미 저성장이 일상화된 '뉴노멀(New Normal)' 시대에 접어들었다. 인구 구조의 변화, 가계부채 증가, 생산성 정체 등의 구조적 요인으로 인해 경제 성장률이 점진적으로 하락하고 있다. 2024년 1.8%를 기록한 경제 성장률은 향후 1.8%보다 더 하락할 가능성이 높다. 저성장 시대에는 기업의 운영 패러다임도 변해야 한다. '매출 중심'에서 '수익성 중심'으로, '확장'에서 '집중'으로, '범용성'에서 '전문성'으로 전환이 필요하다. 특히 인구 감소에 따른 내수 시장 축소는 기업들에게 글로벌 시장 개척과 고부가가치 산업으로의 전환을 요구하고 있다.

미국의 한 중견 제조업체는 침체된 시장 환경에서도 '고객 세분화'와 '프리미엄 전략'을 통해 5년 연속 영업이익률 20%를 유지했다. 이들은 규모의 확장보다 자신들이 가장 잘할 수 있는 틈새 시장에 집중하고, 그 분야에서 압도적인 경쟁력을 구축했다. 이것이 바로 저성장 시대의 새로운 성공 방정식이다.

한국 기업들도 이제는 '무조건적 성장'이 아닌 '효율적 성장'을 추구해야 한다. 불필요한 사업 다각화보다는 핵심 역량 강화에 집중하고, 무리한 확장보다는 수익성 기반의 건실한 성장을 추구해야 한다. 또한 디지털 전환을 통한 비용 구조 혁신과 ESG 경영을 통한 장기적 경쟁력 확보도 필수적이다. 저성장 시대에 기업의 생존을 결정짓는 핵심 요소는 적응력과 혁신성이다. 환경 변화에 빠르게 적응하고, 지속적인 혁신을 통해 새로운 가치를 창출할 수 있는 기업만이 살아남을 수 있다. 이제 기업의 성공은 단순한 규모의 확장이 아니라, 얼마나 빠르게 학습하고 변화할 수 있는지에 달려 있다.

▣ 지금이 선택의 순간이다 : 실행의 시대

변화는 이미 시작되었고, 그 속도는 점점 가속화되고 있다. AI 기술은 18개월마다 2배씩 발전하고 있으며, 글로벌 공급망 재편은 예상보다 훨씬 빠르게 진행되고 있다. 저성장의 구조적 압력 역시 날로 강해지고 있다. 이런 상황에서 필요한 것은 즉각적인 실행이다. '완벽한 계획'을 기다리는 것은 더 이상 현명한 전략이 아니다. 불완전하더라도 지금 당장 시작하고, 실행하면서 배우고, 배운 것을 바탕으로 전략을 조정해 나가는 '애자일(Agile)' 접근법이 필요하다.

AI를 도입하려면, 거창한 디지털 전환 계획보다 당장 활용할 수 있는 작은 영역부터 시작해야 한다. 공급망을 다변화하려면, 완벽한 대안을 찾기보다 잠재적 파트너들과 네트워크를 구축하는 것부터 시작해야 한다. 비즈니스 모델을 혁신하려면, 모든 것을 한번에 바꾸려 하지 말고 핵심 가치를 유지하면서 점진적으로 변화를 추구해야 한다. 과거 중국에 생산 기지를 구축했던 한 한국의 중소기업은 미중 갈등이 심화되자 즉시 동남아시아와 멕시코에 소규모 생산 기지를 설립했다. 이 결정은 '완벽한 계획'이 아니었지만, 그 신속한 실행이 향후 통상 환경 악화 시에도 안정적인 공급을 가능하게 했다. 반면, 더 나은 조건을 기다렸던 경쟁사들은 결국 더 높은 비용으로 더 늦게 이전해야 했다.

▣ 미래는 선택받은 소수의 기업에게만 열려 있다

세계는 지금 격변의 시대를 지나고 있다. AI 패권 전쟁, 관세 전쟁, 구조적 저성장이라는 세 가지 거대한 도전 앞에서 기업들은 생존을 위한 치열한 경쟁을 벌이고 있다. 이 변화의 물결은 모든 산업, 모든 기업에 영향을 미치고 있으며, 어떤 기업도 예외는 없다. 변화의 속도는 우리의 예상을 뛰어넘고 있다. 지금 준비하지 않는 기업은 내일의 경쟁에서 살아남을 수 없다. 기다리는 시간은 더 이상 없다. 당신의 경쟁사는 이미 미래를 향해 달리고 있다.

성공하는 기업과 실패하는 기업의 차이는 무엇일까? 그것은 바로 실행의 속도와 적응의 민첩성이다. 변화를 두려워하지 않고 과감히 도전하는 기업, 실패를 두려워하지 않고 빠르게 학습하는 기업, 그리고 미래를 예측하기보다 미래를 창조하는 기업만이 살아남을 것이다. 당신은 지금 어떤 선택을 하고 있는가? 안전한 과거에 머무를 것인가, 아니면 불확실하지만 가능성이 넘치는 미래로 나아갈 것인가? 그 선택이 당신의 기업의 운명을 결정할 것이다.

미래는 용기 있는 자의 것이다. 패권전쟁과 저성장의 시대, 변화의 파도에 몸을 맡기고 새로운 미래를 향해 과감히 전진하라. 지금이 바로 그 시작의 순간이다.

인건비 폭등과 시장 포화
: 아무 행동이 없으면 1년 내 폐업 위기

경영의 풍경이 변했다. 조용히, 그러나 돌이킬 수 없을 만큼 근본적으로. AI가 몰고 온 격변의 물결, ESG 경영의 대두, 포스트코로나의 새로운 비즈니스 패러다임이 모든 거대한 변화들이 한국 경제를 근본적으로 재편하고 있다. 그리고 이 변혁의 중심에서 두 가지 강력한 현실이 한국 기업들의 생존을 위협하고 있다. 인건비 폭등과 시장 포화라는 냉혹한 현실이다.

▣ 인건비 폭등 : 경영의 근간을 흔드는 구조적 위기

인건비 폭등은 단순한 비용 증가의 문제가 아니다. 기업의 생존 방정식 자체를 바꾸고 있다. 최저임금은 2018년 7,530원에서 2024년 9,860원으로 5년 만에 31%나 상승했다. 이는 단순한 수치의 변화가 아니라, 한국 기업의 수익 구조를 근본적으로 변화시키고 있다. 인건비 비중이 높은 서비스업, 제조업, 소매업에서는 이제 직원 한 명을 추가로 고용하는 것이 기업의 존폐를 좌우할 수 있는 결정이 되었다.

"직원을 더 뽑고 싶어도 감히 엄두를 낼 수 없습니다."

경기도 부천의 한 중소 제조업체 대표의 말이다.

"신입사원 한 명의 연간 인건비가 4,000만 원을 넘어가는데, 그만큼의 부가가치를 창출하기가 점점 어려워지고 있습니다."

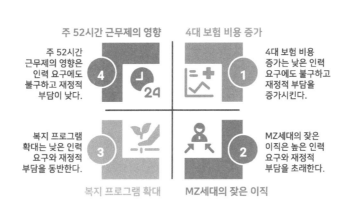

인건비가 미치는 영향

인건비 상승의 압박은 여기서 그치지 않는다. 최저임금 인상뿐 아니라,

1. 주 52시간 근무제로 인한 추가 인력 확보 필요성

2. 4대 보험 부담의 지속적 증가

3. 각종 복지 제도 확대에 따른 간접 비용 상승

4. MZ세대의 일과 삶에 대한 새로운 기대와 잦은 이직

이러한 요소들이 복합적으로 작용하며 기업의 수익성을 끊임없이 압박하고 있다.

더욱 심각한 문제는 이러한 인건비 상승이 이전과는 다른 환경에서 일어나고 있다는 점이다. 과거에는 매출 성장을 통해 증가된 인건비를 흡수할 수 있었지만, 이제는 시장 성장이 정체되어 있어 비용 증가분을 가격에 반영하기도, 규모 확대로 해결하기도 어려워졌다.

인천의 한 물류 회사 대표는 "과거에는 직원 한 명이 창출하는 매출이 인건비의 3배에 달했지만, 이제는 1.5배 수준으로 떨어졌습니다. 이대로 가면 적자는 불가피합니다"라고 토로한다. 그렇다면 이 난관을 어떻게 극복할 수 있을까? 비관적으로 체념하기보다는 디지털 전환과 생산성 혁신을 통한 돌파구가 필요하다. 경기도 안산의 한 중소기업은 AI 기반 공정 자동화를 도입해 인력을 30% 줄이면서도 생산성은 40% 높이는 데 성공했다. 초기 투자 비용은 부담스러웠지만, 지속적인 운영 비용 절감으로 1년 만에 투자금을 회수했다.

"단순히 사람을 줄이는 게 아니라, 남은 인력이 더 높은 가치를 창출할 수 있게 하는 것이 핵심입니다."

이 기업의 대표는 강조한다.

"반복적이고 단순한 업무는 AI와 자동화 시스템에 맡기고, 직원들은 창의적이고 전략적인 업무에 집중하게 했습니다."

▣ 시장 포화 : 한국 기업이 마주한 냉혹한 현실

시장 포화 현상은 인건비 폭등만큼이나 심각한 도전이다. 한국의 거의 모든 산업이 이미 레드오션 상태에 진입했다.

커피숍, 편의점, 치킨집부터 시작해 온라인 쇼핑몰, IT 서비스, 콘텐츠 제작까지 한국의 어느 시장을 들여다봐도 과잉 공급과 치열한 경쟁이 일상이 되었다. 서울 강남의 특정 거리에는 100m 내에 커피숍이 7개가 몰려 있다. 인기 있는 배달 앱에는 한 동네에서만 수십 개의 치킨집이 경쟁하고 있다. "이제는 좋은 상품을 만들고 적정 가격을 책정하는 것만으로는 부족합니다." 10년 차 마케팅 컨설턴트의 말이다. "소비자들은 수많은 유사한 선택지 속에서 특별한 경험과 감동을 주는 브랜드만 기억합니다."

시장 포화의 심각성은 몇 가지 냉혹한 통계에서 확인된다.

1. 신규 사업체 평균 생존 기간이 3.5년에 불과
2. 신규 창업 기업의 5년 생존율이 28%대로 OECD 국가 중 최하위권
3. 자영업자 수는 늘어나는데 평균 소득은 감소 중

특히 주목할 점은 시장이 포화 상태라고 해서 경쟁이 줄어드는 것이 아니라는 사실이다. 오히려 더 많은 신규 진입자들이 제한된 파이를 두고 경쟁하면서 수익성은 더욱 악화되고 있다. 이런 상황에서 성공하는 기업과 도태되는 기업의 차이는 무엇일까? 차별화된 가치 제안과 독특한 비즈니스 모델이다.

부산의 한 작은 제과점은 대형 프랜차이즈와의 경쟁에서 살아남기 위해 '로컬 철학'을 도입했다. 지역에서 생산된 식재료만

을 사용하고, 매주 새로운 지역 특산품을 활용한 한정판 디저트를 선보였다. 또한 단순한 판매를 넘어 지역 주민들을 위한 파티쉐 클래스를 운영하고, 지역 농가와의 협업 스토리를 매장 곳곳에 담아냈다. "처음에는 대형 프랜차이즈보다 가격이 조금 높아 걱정했지만, 오히려 고객들은 우리만의 이야기와 가치에 더 큰 매력을 느꼈습니다." 이 제과점 대표의 말이다. "3년 만에 매출은 4배 증가했고, 두 번째 매장까지 열게 되었습니다."

▣ 손놓고 있으면 1년 뒤 폐업 : 경영의 미래는 지금 결정된다

인건비 폭등과 시장 포화라는 이중의 도전 앞에서 한국 기업들은 두 갈래 길에 서 있다. 변화를 거부하고 과거의 방식을 고수할 것인가, 아니면 과감히 혁신하고 새로운 비즈니스 모델을 찾아나설 것인가?

첫 번째 길은 점진적인 퇴보로 이어진다. 경기도의 한 중소기업 대표는 "3년 전만 해도 연간 10억 원 이상의 영업이익을 내던 회사였습니다. 그러나 인건비 상승과 경쟁 심화로 작년에는 겨우 2억 원을 넘겼고, 올해는 적자가 불가피해 보입니다"라고 말한다. 이 회사는 디지털 전환과 비즈니스 모델 혁신을 검토했지만, "나중에"라는 생각으로 결정을 미루었다. 그 "나중에"는 결국 오지 않았고, 현재 구조조정을 시작했다.

반면, 두 번째 길을 택한 기업들은 역경 속에서도 성장하고 있다. 서울의 한 패션 스타트업은, 국내 시장의 한계를 직시하고 설립 초기부터 글로벌 시장을 목표로 삼았다. 한국적 디자인 요소를 현대적으로 재해석한 제품으로 글로벌 니치(niche) 시장을 공략했고, 소셜미디어를 활용한 마케팅으로 해외 소비자들에게 직접 다가갔다. 창업 3년 만에 해외 매출이 전체의 70%를 차지하게 되었다.

"국내 시장만 바라보면 모두가 파이 한 조각을 두고 싸우는 상황입니다. 하지만 시선을 전 세계로 돌리면 우리만의 독특한 가치를 인정받을 수 있는 무한한 기회가 있습니다." 이 스타트업의 창업자는 말한다.

한국 기업들이 인건비 폭등과 시장 포화라는 위기를 돌파하기 위해 고려해야 할 세 가지 핵심 전략이 있다.

1. 디지털 전환을 통한 생산성 혁신 : AI와 자동화를 도입해 인건비 부담을 줄이면서 효율성은 높인다.
2. 비즈니스 모델의 근본적 재설계 : 단순한 제품 판매를 넘어 서비스, 구독, 경험, 커뮤니티 등으로 수익 모델을 다각화한다.
3. 글로벌 틈새시장 공략 : 국내 시장의 한계를 넘어 글로벌 니치 시장에서 한국 기업만의 차별화된 가치를 제안한다.

이러한 전략은 단순한 생존 전술이 아니라 장기적 성장을 위한 필수 요소다. 위기 속에서도 성장하는 기업들의 특징은 현재의 어려움을 핑계로 혁신을 미루지 않고, 오히려 이를 변화의 촉매제로 삼는다는 점이다.

🔲 미래는 행동하는 자의 것이다

"우리 업종은 특별해서…" "우리 회사는 규모가 작아서…" "지금은 경기가 안 좋아서…" 이런 말들은 모두 변화를 미루는 핑계에 불과하다. 인건비 폭등과 시장 포화는 모든 기업이 직면한 보편적 현실이며, 이 현실에 적응하느냐 마느냐가 생존을 결정짓는다.

경남의 한 제조업체 대표는 이렇게 말한다. "3년 전, 우리는 두 가지 선택지 앞에 섰습니다. 경기가 나아지길 기다리며 현상 유지를 하거나, 과감히 투자해 디지털 전환을 추진하거나. 우리는 후자를 선택했고, 그 덕분에 지금도 살아남아 있습니다. 같은 업종의 경쟁사 중 절반은 이미 문을 닫았습니다."

미래는 예측하는 것이 아니라 만들어가는 것이다. 인건비 폭등과 시장 포화라는 도전은 모든 기업에게 공평하게 주어진 현실이지만, 이에 대응하는 방식에 따라 결과는 천차만별이 될 것이다. 지금 이 순간, 당신의 기업은 어떤 선택을 하고 있는가? 변화를 미루며 점진적 퇴보의 길을 걷고 있는가, 아니면 과감한 혁신을 통해 새로운 성장의 발판을 마련하고 있는가?

한국 경제의 구조적 변화 속에서, 인건비 폭등과 시장 포화는 앞으로도 계속될 현실이다. 이 현실을 직시하고 능동적으로 대응하는 기업만이 1년 후에도 시장에서 살아남아 이야기를 이어갈 수 있을 것이다. 미래는 손놓고 기다리는 자의 것이 아니라, 지금 바로 행동하는 자의 것이다.

매출 10배의 티핑포인트
: 조금만 더 밀어붙이면 폭발하는 성장

▣ 지금 "조금만 더" : 위기 속에서 매출 10배의 기회를 포착하는 실행의 순간

한국 경제의 풍경이 변했다. 인건비 폭등과 시장 포화의 거대한 파도가 우리 앞에 닥쳐왔다. 기업들은 이 파도 앞에서 두 갈래 길을 선택해야 한다. 주저하며 파도에 밀려 침몰하는 길, 혹은 파도의 에너지를 이용해 더 멀리 나아가는 길.

우리는 앞서 1장 1절에서 이 거대한 변화의 파도 속에서 손놓고 있으면 1년 내 폐업할 수도 있다는 냉혹한 현실을 살펴보았다. 그러나 지금부터 풀어갈 이야기는 다른 측면에 초점을 맞춘다. 위기 속에서도 놀라운 성과를 창출하는 기업들의 공통된 비밀은 바로 "조금만 더"의 철학이다.

▣ "조금만 더"라는 미세한 차이가 만드는 거대한 격차

우리 주변의 기업들을 유심히 관찰해보자. 같은 시장, 같은 규제, 같은 환경 속에서도 어떤 기업은 빠르게 쇠퇴하는 반면, 어떤 기업은 놀라운 속도로 성장한다. 이 차이는 어디서 비롯될까? 부산의 한 중소 제조업체는 2021년 매출 50억원에서 2023년 500억원으로 폭발적인 성장을 이루었다. 같은 기간 동종업계의 다른 기업들이 인건비 부담과 시장 포화로 고전하는 상황이었다. 이 기업이 취한 접근법은 놀라울 정도로 단순했다.

"우리는 '불가능하다'는 말 대신 '어떻게 하면 가능할까?'라는 질문을 선택했습니다."

이 회사의 대표는 인건비 상승이라는 위기에 직면했을 때, 직원을 줄이거나 혜택을 축소하는 대신 생산 프로세스를 근본적으로 재설계하기로 결정했다. 공정 자동화에 "조금만 더" 투자하고, 직원들의 역량 개발에 "조금만 더" 시간을 쏟았다. 그 결과, 같은 인원으로 3배의 생산성을 달성했고, 직원들은 더 높은 가치를 창출하는 업무에 집중할 수 있게 되었다. 이것은 단순한 성공 사례가 아니라, 우리 시대의 경영 패러다임 전환을 보여주는 상징적인 예시다. 문제를 바라보는 관점의 미세한 변화가 실행의 방향을 완전히 바꾸고, 그 결과 기업의 성과에 극적인 차이를 만들어내는 과정을 보여준다.

▣ 위기의 시대, "조금만 더"의 구체적 의미

"조금만 더"는 단순한 구호가 아니다. 이는 구체적인 행동 패턴과 사고방식의 전환을 의미한다. 현재 한국 기업들이 직면한 상황에서 "조금만 더"는 다음과 같은 실천적 의미를 가진다.

데이터 재발견	진정한 통찰력	과감한 혁신
AI 모델이 고객 데이터를 재발견하여 이탈률을 43% 감소시켰습니다.	심층 인터뷰가 화장품 브랜드에 중요한 소비자 통찰력을 제공했습니다.	불완전한 서비스 출시가 IT 스타트업의 시장 점유율을 1위로 끌어올렸습니다.

성공을 위한 "조금만 더" 접근

∴ 1. 기존 자원의 활용에서 "조금만 더" 창의적 접근

많은 기업들이 고객 데이터를 수집하고 있지만, 정작 그 데이터가 품고 있는 무한한 가능성을 놓치고 있다. 서울의 한 유통 기업은 5년간 축적한 구매 데이터를 단순 통계 분석이 아닌 AI 기반 예측 모델에 적용했다. 추가 비용은 컨설팅 비용과 소프트웨어 도입 비용뿐이었지만, 결과는 놀라웠다. 고객 이탈률이 43% 감소했고, 재구매율은 68% 증가했다.

"우리에게 필요했던 것은 새로운 데이터가 아니라, 기존 데이터를 바라보는 새로운 시각이었습니다."

이처럼 "조금만 더" 생각의 깊이를 더하는 것만으로도 이미 보유한 자원에서 폭발적인 가치를 발견할 수 있다.

∴ 2. 고객 이해에서 "조금만 더" 진정성 있는 접근

시장 포화 상태에서 모든 기업이 고객 중심을 외치지만, 실제로 고객의 깊은 니즈를 이해하려는 노력은 놀라울 만큼 부족하다. 대구의 한 화장품 브랜드는 일반적인 시장 조사를 넘어 실제 고객들과 심층 인터뷰를 진행하고, 2주간 고객의 일상을 관찰하는 프로젝트를 실행했다. 이 과정에서 그들은 시장에서 아무도 주목하지 않았던 중요한 발견을 했다. 30대 직장 여성들이 화장품에 바라는 것은 단순한 '효과'가 아니라 '간편함'과 '의례적 경험'이었다. 이 통찰을 바탕으로 출시한 '3분 스킨케어 라인'은 출시 6개월 만에 매출 순위 1위를 차지했다.

"소비자들이 무엇을 원하는지 묻는 것과, 왜 그것을 원하는지 깊이 이해하는 것은 완전히 다른 차원의 접근법입니다.

∴ 3. 실행 속도에서 "조금만 더" 과감함

계획 단계에서 완벽을 추구하다 기회를 놓치는 기업들이 많다. 반면 성공적인 기업들은 80% 수준의 계획으로도 과감히 실행에 나선다. 인천의 한 IT 스타트업은 대기업들이 망설이는 동안, 불완전하지만 혁신적인 서비스를 먼저 시장에 선보였다. "초기 버전에는 많은 개선점이 있었습니다. 하지만 우리는 실제 사용자들의 피드백을 바탕으로 2주마다 업데이트를 진행했고, 6개월 만에 시장 점유율 1위를 달성했습니다. 완벽을 추구했다면 아직도 개발 단계에 머물러 있었을 겁니다." 이들의 성공 비결은 복잡한 것이 아니었다. 단지 "조금만 더" 빠르게 움직이고, "조금만 더" 용기 있게 결정했을 뿐이다.

▣ "조금만 더"가 만드는 10배의 성과

"조금만 더"의 철학이 왜 매출 10배라는 폭발적 성장으로 이어질 수 있는지, 그 심층적 메커니즘을 살펴보자.

∴ 복리 효과의 위력

"조금만 더"의 접근법은 단순한 선형적 성장이 아닌, 복리적 성장을 가능하게 한다. 예를 들어, 매달 고객 유지율을 단 5%만 높이는 작은 변화는 1년 후 누적되어 82%의 매출 증가로 이어질 수 있다. 이러한 복리 효과는 여러 영역에서 동시에 일어날 때 기하급수적 성장으로 폭발한다.

경기도의 한 중소기업은 다음과 같은 "조금만 더" 전략을 동시에 실행했다.

1. 고객 이탈률 5% 감소
2. 신규 고객 획득 비용 10% 절감
3. 제품당 평균 판매가 7% 상승
4. 생산 효율성 15% 개선

각각은 작은 변화였지만, 이 요소들이 복합적으로 작용하면서 18개월 만에 매출은 8.6배 증가했다.

▣ 선점 효과의 활용

경쟁이 치열한 시장에서 "조금만 더" 빠르게 움직이는 기업은 막대한 선점 효과를 누릴 수 있다. 특히 디지털 환경에서는 검색 엔진, 소셜미디어 알고리즘, 고객 습관 형성 등 다양한 요인이 선점자에게 유리하게 작용한다. 부산의 한 식품 브랜드는 건강 식품 트렌드가 막 형성되기 시작할 때, 경쟁사들보다 6개월 먼저 시장에 진입했다. 이 "조금만 더" 빠른 행동 덕분에 검색 엔진에서 상위 노출되었고, 소비자들의 첫 선택지가 되었다. 결과적으로 진입 3년 만에 시장점유율 48%를 확보했다.

"우리는 특별한 것은 아무것도 하지 않았습니다. 단지 다른 모든 사람이 준비할 때, 우리는 실행했을 뿐입니다."

▣ 비판적 질량의 돌파

물리학에서 핵분열이 일어나기 위해 필요한 '임계질량'이 있 듯, 비즈니스에서도 폭발적 성장이 시작되는 '비판적 질량'이 존재한다. "조금만 더"의 철학은 기업이 이 임계점을 돌파하는 데 결정적 역할을 한다. 서울의 한 콘텐츠 스타트업은 구독자 10만 명 달성을 위해 1년간 노력했지만 7만 명에서 성장이 정체되었다. 그들은 "조금만 더" 콘텐츠 품질을 높이고, "조금만 더" 유저 피드백에 귀를 기울였다. 3개월의 추가 노력 끝에 10만 명을 돌파했고, 그 이후 성장은 가속화되어 1년 만에 구독자 100만 명을 달성했다.

"7만 명에서 10만 명으로 가는 과정이 1만 명에서 7만 명으로 가는 것보다 어려웠습니다. 하지만 일단 그 벽을 넘자, 모든 것이 달라졌습니다."

▣ 지금 시작하지 않으면 영원히 뒤처진다

경영의 역설 중 하나는, 위기의 순간이 오히려 가장 큰 도약의 기회가 될 수 있다는 점이다. 인건비 폭등과 시장 포화라는 도전은 모든 기업에게 공평하게 주어진 과제다. 이 과제를 어떻게 풀어가느냐가 기업의 운명을 갈라놓는다. 주저하며 경제 상황이 나아지길 기다리는 기업들은 점점 더 어려운 상황에 빠져들 것이다. 반면, 지금 "조금만 더" 용기를 내어 변화의 물결에 뛰어드는 기업들은 경쟁자들이 망설이는 동안 시장을 선점하고 있다.

강원도의 한 관광 기업 대표는 "코로나19로 관광업계가 붕괴했을 때, 많은 경쟁사들이 문을 닫거나 운영을 축소했습니다. 하지만 우리는 오히려 그 기간에 디지털 경험을 강화하고 비대면 관광 상품을 개발했습니다. 지금 생각해보면 그것이 우리 회사 역사상 가장 중요한 결정이었습니다. 팬데믹이 끝난 후, 경쟁사들이 사업을 재개할 때 우리는 이미 시장을 장악한 상태였습니다."라고 했다. 시간은 모두에게 공평하게 주어지지만, 그 시간을 어떻게 활용하느냐는 전적으로 당신의 선택이다. 지금 이 순간에도 당신의 경쟁자들 중 일부는 "조금만 더" 노력하며 변화를 주도하고 있다. 그들이 임계점을 돌파하고 폭발적 성장의 궤도에 오르면, 그 격차를 따라잡는 것은 기하급수적으로 어려워진다.

▣ Point : "조금만 더"는 생각이 아닌 행동이다

"조금만 더"의 철학은 단순한 사고방식의 문제가 아니다. 이는 구체적인 행동으로 이어져야만 의미가 있다. 오늘 당신이 할 수 있는 "조금만 더"는 무엇인가?

- 고객 데이터를 "조금만 더" 깊이 분석해보는 것일 수도 있다.
- 직원들의 아이디어에 "조금만 더" 귀를 기울이는 것일 수도 있다.
- 새로운 기술에 "조금만 더" 투자하는 것일 수도 있다.
- 의사결정을 "조금만 더" 빠르게 하는 것일 수도 있다.

이러한 작은 변화들이 모여 당신의 기업을 폭발적 성장의 궤도에 올려놓을 것이다. 인건비 폭등과 시장 포화의 시대, 모두가 불가능하다고 말할 때 "조금만 더" 한다면, 매출 10배의 꿈은 더 이상 꿈이 아닌 현실이 될 것이다. 지금이 바로 그 출발점이다.

단기성과와 백년기업의 양립,
어느 하나라도 놓치면 생존 불가

4

▣ 성과와 유산 : 단기 성공과 백년기업 사이의 위태로운 균형

시간의 양면성이 기업 경영의 본질적 딜레마로 부각되고 있다. 이 시대의 경영자들은 '지금'과 '미래' 사이에서 외줄타기를 하고 있으며, 그 균형점을 찾지 못하는 순간 추락은 불가피하다.

▣ 양손에 쥔 두 개의 시계

한국 기업의 현실은 냉혹하다. 인건비 폭등과 레드오션의 포화 상태는 경영자들에게 매 순간 생존의 압박을 가하고 있다. 3장에서 살펴보았듯, '조금만 더' 노력하면 단기적 성과를 창출할 수 있는 가능성은 여전히 존재한다. 그러나 이제 우리는 더 깊은 진실을 마주해야 한다. 단기 성과와 장기 비전 사이의 균형점을 찾지 못하면, 그 어떤 노력도 헛되이 사라질 수 있다는 점이다.

경영의 패러다임이 근본적으로 변화했다. 과거에는 '단기냐 장기냐'의 선택이 가능했다. 하지만 지금은 '둘 다 아니면 아무것도 없다'는 새로운 법칙이 지배하고 있다. 이것은 선택의 문제가 아니라 생존의 조건이 되었다.

단기 생존
즉각적인 도전 극복을 위한 전략

장기 투자
미래 성장을 위한 자원 할당

균형 잡힌 비즈니스 전략

"당장 생존하는 것과 영원히 번영하는 것, 이 두 가지 명제 사이에서 하나를 선택하라는 것은 인간에게 '숨을 쉴까요, 아니면 심장을 뛰게 할까요?'라고 묻는 것과 같습니다." 경기도 부천의 중소기업 대표 박 사장의 말이다. 그는 지난 3년간 최저임금 상승과 시장 포화로 극심한 경영난을 겪었지만, 단기 생존 전략과 미래 투자를 동시에 실행해 위기를 기회로 전환했다.

▣ 단기 성과의 부재 : 꿈만 남은 미래

단기 성과를 놓치는 순간, 기업에게 주어지는 것은 냉혹한 현실이다. 현금흐름이 막히면 아무리 훌륭한 미래 계획도 무용지물이 된다. 서울 마포구의 한 디자인 스튜디오는 창의적인 디자인 철학과 미래 비전으로 주목받았지만, 당장의 수익성에 소홀했다. 미래 시장을 위한 연구개발에 자원을 집중하는 동안, 월별 운영 비용을 충당하지 못해 결국 문을 닫았다. 그들의 비전은 옳았을지 몰라도, 실현될 기회를 얻지 못했다.

"우리가 꿈꾸던 미래는 5년 뒤에 실현될 예정이었습니다. 그러나 5개월을 버티지 못했죠."

숫자는 냉정하다. 경영의 현실은 더욱 그렇다. 한국 중소기업진흥공단의 자료에 따르면, 신생 기업의 58%가 3년 내에 문을 닫는다. 그 주된 이유는 단기 자금 흐름의 관리 실패다. 훌륭한 비전을 가진 기업들도 예외가 아니다. 여기서 중요한 것은 단기 성과를 위해 미래를 저당 잡히라는 의미가 아니다. 오히려 미래를 실현하기 위한 발판으로서 현재의 생존이 필수불가결하다는 점이다. 캐시카우 없이는 스타 상품도 탄생할 수 없다. 오늘의 매출이 내일의 혁신을 위한 산소 공급선인 셈이다.

▣ 백년계획의 부재 : 오늘의 승리와 내일의 패배

반대로, 장기적 비전 없이 단기 성과에만 집중하는 기업은 어떻게 될까? 잠시 동안은 화려한 매출 성장을 보일 수 있다. 그러나 그 성장은 지속가능하지 않으며, 결국 한계에 부딪히게 된다. 부산의 한 패션 브랜드는 트렌드를 빠르게 따라잡아 순식간에 매출을 3배 늘렸지만, 브랜드 정체성과 환경적 지속가능성에 대한 고려 없이 성장에만 집중했다. 2년 뒤, MZ세대 소비자들이 환경 친화적이고 가치 지향적인 브랜드로 이동하면서 매출은 급감했다. 그들은 단기 성과에 취해 시장의 근본적인 변화를 읽지 못했다. "우리는 숫자를 쫓다가 의미를 놓쳤습니다. 결과적으로 둘 다 잃었죠."

더 놀라운 것은 단기 성과에만 집중한 기업들이 결국 그 단기 성과마저 유지하지 못한다는 점이다. 한국경영학회의 연구에 따르면, 장기 비전 없이 단기 성과에만 집중한 기업들은 평균 4.3년 후에 성장 정체를 겪으며, 7.2년 내에 시장 점유율의 48%를 잃는다고 한다. 백년계획은 단순한 미래 청사진이 아니다. 그것은 기업의 근본적인 존재 이유와 가치를 정의하는 나침반이다. 이 나침반 없이는 단기적 성과의 방향성을 잃기 쉽다. 결국 모든 노력이 분산되고, 일관성을 잃게 된다.

▣ 양손에 쥔 시계를 동시에 바라보는 지혜

그렇다면 이 딜레마를 어떻게 해결할 수 있을까? 해답은 단기 성과와 장기 비전을 별개의 영역이 아닌 하나의 연속선상에서 바라보는 데 있다. 성공적인 기업들은 모든 단기 의사결정이 장기 비전에 기여하도록 설계한다. 또한 모든 장기 계획은 단기 실행 단계로 분해되어 즉각적인 행동으로 연결된다. 이들에게 단기와 장기는 대립되는 개념이 아니라 상호보완적인 요소다.

경남의 한 중소 제조업체는 이런 접근법의 좋은 예시다. 그들은 생산 자동화에 투자하면서 두 가지 목표를 동시에 달성했다. 첫째, 인건비 절감과 생산성 향상으로 6개월 만에 영업이익이 38% 증가했다. 둘째, 자동화 시스템은 환경 친화적이고 에너지 효율적으로 설계되어 ESG 경영의 기반을 다졌다. 그 결과 단기 성과와 함께 지속가능한 성장 기반을 확보했다.

"우리는 매 결정에서 스스로에게 두 가지 질문을 던집니다. '이것이 당장 우리에게 어떤 가치를 가져다줄 것인가?'와 '이것이 10년 후 우리의 비전과 일치하는가?'입니다. 두 질문에 모두 긍정적인 답을 얻을 수 있을 때만 실행에 옮깁니다."

이 접근법의 핵심은 모든 단기 행동이 장기 비전을 향해 정렬되도록 하는 전략적 일관성에 있다. 성공적인 기업들은 다음과 같은 원칙을 실천한다.

1. **가치 중심 의사결정** : 모든 단기 결정은 기업의 핵심 가치와 장기 비전에 비추어 평가된다.
2. **분할 및 연결** : 장기 목표를 구체적인 단기 실행 과제로 분할하고, 각 과제의 성과가 장기 목표에 어떻게 기여하는지 명확히 연결한다.
3. **적응적 실행** : 단기 성과를 주기적으로 검토하여 장기 전략의 유효성을 검증하고, 필요시 조정한다.
4. **자원의 균형적 배분** : 현재의 수익 창출과 미래 성장을 위한 투자 사이에 균형 잡힌 자원 배분을 유지한다.

이러한 원칙들은 추상적인 개념이 아니라 구체적인 행동 지침이다. 예를 들어, 인건비 절감을 위한 자동화 시스템 도입이 단순히 비용 절감 차원에서만 검토되는 것이 아니라, 장기적인 ESG 경영, 인재 개발, 제품 품질 향상 등의 관점에서도 평가되어야 한다.

▣ 두 시계가 가리키는 하나의 시간

가장 주목할 만한 통찰은 단기 성과와 장기 비전 사이의 갈등이 실제로는 착시현상일 수 있다는 점이다. 올바르게 접근한다면, 이 둘은 서로를 강화하는 관계다. 지속가능한 장기 비전은 단기 의사결정의 효율성을 높인다. 명확한 방향성이 있을 때, 조직은 불필요한 시도와 착오를 줄이고 자원을 효과적으로 집중할 수 있다. 동시에, 견고한 단기 성과는 장기 비전을 실현할 수 있는 자원과 동력을 제공한다.

인천의 한 스타트업 창업자는 "단기 성과와 장기 비전은 별개의 목표가 아닙니다. 그것은 같은 산을 오르는 두 가지 관점일 뿐입니다. 발 아래 다음 걸음을 보는 시선과 정상을 향한 시선이 모두 필요합니다."라고 했다. 이런 관점은 '둘 중 하나를 선택하라'는 강요에서 벗어나 '둘 다 조화롭게 추구하라'는 지혜로 우리를 인도한다. 이것이 진정한 10배 컨설팅경영의 핵심이다.

▣ 단기와 장기의 통합 : 실천적 접근법

그렇다면 실제로 이 두 시계를 동시에 바라보는 방법은 무엇일까? 성공적인 기업들의 사례에서 몇 가지 실천적 접근법을 찾을 수 있다.

∴ 1. 미래 지향적 KPI의 설정

단기 성과를 평가할 때도 미래 지향적 지표를 포함시킨다. 예를 들어, 단순한 매출액뿐만 아니라 고객 유지율, 재구매율, 직원 역량 개발 등 장기적 성공의 토대가 되는 지표들도 함께 관리한다.

∴ 2. 전략적 투자 포트폴리오 구성

기업의 자원을 현재의 수익 창출(70%), 단기 혁신(20%), 장기 탐색(10%) 등으로 명확히 배분한다. 이러한 포트폴리오 접근법은 단기 성과를 확보하면서도 미래를 준비할 수 있게 한다.

∴ 3. 가치 중심 의사결정 프레임워크 구축

모든 주요 의사결정이 단기 수익성과 장기 비전 양측면에서 평가되는 체계적인 프레임워크를 구축한다. 이를 통해 단기적 유혹에 흔들리지 않고 일관된 방향성을 유지할 수 있다.

∴ 4. 적응적 전략 계획

고정된 5개년 계획보다는 기본 방향성을 유지하면서도 시장 변화에 유연하게 대응할 수 있는 적응적 전략 계획을 수립한다. 이는 장기 비전을 유지하면서도 단기 환경 변화에 민첩하게 대응할 수 있게 한다.

∴ 5. 통합적 리더십 개발

조직의 리더들이 단기 성과 압박과 장기 비전 구축 사이에서 균형을 유지할 수 있는 역량을 개발한다. 이는 단순한 기술이 아니라 사고방식의 전환을 필요로 한다.

▣ Point : 두 시계의 조화가 만드는 백년기업의 리듬

경영의 본질은 결국 시간과의 관계에 있다. 시간이라는 강을 항해하는 기업은 눈앞의 급류도 주의해야 하지만, 강의 흐름과 목적지도 놓쳐서는 안 된다. 인건비 폭등과 시장 포화의 격랑 속에서 한국 기업들은 그 어느 때보다 이 균형의 지혜가 필요하다. 단기 성과와 장기 비전 중 어느 하나라도 소홀히 한다면, 그것은 배의 한쪽을 방치하는 것과 같다. 결국 균형을 잃고 전복될 것이다.

진정한 10배 컨설팅경영의 힘은 이 두 시간의 차원을 하나로 통합하는 데 있다. 오늘을 살아내고 내일을 준비하는, 이 두 가지가 하나의 리듬이 되어 움직일 때 백년기업의 여정이 시작된다. 시간의 두 얼굴을 모두 마주할 수 있는 용기와 지혜가 지금 한국 기업들에게 절실히 필요하다. 단기 성과와 장기 비전, 이 두 마리 토끼를 모두 쫓아야 하는 것이 아니라, 두 마리 토끼가 함께 뛰어가는 길을 만들어야 한다. 그것이 진정한 컨설팅경영의 본질이며, 백년기업을 향한 유일한 길이다.

즉시 실행 가능한 시스템
: 그대로 따라 하면 결과가 보인다

▣ 체화된 실행력 : 경영 성과를 자동화하는 체계적 도구의 힘

경영의 본질은 실행에 있다. 지식과 이론은 가능성의 영역에 머물러 있지만, 행동으로 옮겨질 때 비로소 현실이 된다. 앞서 우리는 단기 성과와 장기 비전의 조화가 현대 기업 생존의 필수 조건임을 살펴보았다. 그러나 이러한 통찰만으로는 충분하지 않다. 지혜가 행동으로 전환되지 않는다면, 그것은 마치 항해도 없이 바다에 떠 있는 배와 같다.

여기서 근본적인 질문이 제기된다. 어떻게 하면 경영의 원리와 통찰이 일상적인 비즈니스 활동으로 자연스럽게 스며들 수 있을까?

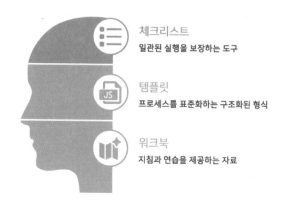

체크리스트
일관된 실행을 보장하는 도구

템플릿
프로세스를 표준화하는 구조화된 형식

워크북
지침과 연습을 제공하는 자료

경영 실행 도구의 구성 요소

▣ 체계화된 경영 : 생각에서 행동으로의 다리

대부분의 경영자와 관리자들은 무엇이 중요한지 어렴풋이 알고 있다. 그러나 그 지식을 실제 업무 환경에서 체계적으로 실행하는 과정에서 많은 요소가 누락되거나 왜곡된다. 이는 단순한 태만의 문제가 아니다. 인간의 인지적 한계, 일상 업무의 압박, 그리고 시시각각 변화하는 경영 환경이 맞물려 만들어내는 구조적 현상이다.

경영 컨설팅의 핵심 통찰 중 하나는 '체계화된 실행 도구'가 이러한 간극을 메울 수 있다는 것이다. 이것이 바로 본 장에서 제시하는 체크리스트, 템플릿, 워크북의 실질적 가치이다.

"우리는 알고 있지만, 행하지 않는다. 이것이 현대 경영의 가장 큰 역설이다."

▣ 체크리스트 : 미세한 누락이 만드는 거대한 결함의 방지

체크리스트는 단순해 보이지만, 그 효용은 놀라울 정도로 강력하다. 하버드 의대의 아툴 가완데 교수는 그의 저서 《체크리스트 매니페스토》에서 복잡한 외과 수술 중 간단한 체크리스트 도입만으로 합병증 발생률이 36% 감소했다는 사실을 보고했다. 경영 현장에서도 이와 유사한 효과가 나타난다.

체크리스트의 진정한 가치는 당연하게 여겨지는 것들을 놓치지 않도록 보장하는 데 있다. 경영자와 관리자들은 흔히 '우리는 이미 알고 있다'고 생각하지만, 실제로는 바쁜 일상 속에서 기본적인 확인 사항을 간과하는 경우가 빈번하다.

예를 들어, 신규 프로젝트 론칭 시 다음과 같은 체크리스트 항목 하나가 누락된다고 가정해 보자. "프로젝트 지연 시 발생할 수 있는 추가 비용 및 리스크를 검토했는가?"

이러한 간단한 확인 절차의 누락이 수천만 원, 때로는 수억 원의 예상치 못한 비용으로 이어질 수 있다. 체크리스트는 이러한 비용을 사전에 방지하는 안전망 역할을 한다.

본서에서 제공하는 체크리스트는 단순한 항목 나열이 아니라, 10배 컨설팅경영의 철학을 담아 구조화되었다. 각 항목은 단기 성과와 장기 비전의 균형을 고려하여 설계되었으며, 실제 기업 현장에서 검증된 순서와 우선순위에 따라 배열되었다.

▣ 템플릿 : 전문성의 민주화와 실행의 가속화

템플릿은 전문가의 지식과 경험을 구조화하여 누구나 활용할 수 있게 만든 도구다. 이는 경영의 민주화를 의미한다. 더 이상 최고의 경영 컨설턴트나 MBA 출신만이 체계적인 전략 문서를 작성할 수 있는 것은 아니다.

일례로, 사업계획서 템플릿은 단순히 형식적인 틀을 제공하는 것이 아니라, 다음과 같은 심층적 가치를 내포하고 있다.

1. 사고의 구조화 : 무엇을 먼저 고려하고, 어떤 요소들이 서로 연결되어 있는지에 대한 인지적 지도를 제공한다.

2. 누락 방지 : 시장 분석, 경쟁사 평가, 재무 전망 등 사업계획에 필수적인 모든 요소가 포함되도록 보장한다.

3. 논리적 일관성 : 각 섹션이 서로 유기적으로 연결되어, 전체적으로 설득력 있는 스토리를 구성할 수 있게 한다.

4. 실행 가능성 검증 : 계획의 각 단계가 현실적으로 실행 가능한지 검토하는 단계를 통합한다.

이러한 템플릿은 단순히 '문서 작성 방법'을 알려주는 것이 아니라, 경영자의 사고 과정 자체를 체계화하고 고도화한다. 템플릿을 따라가는 과정에서 자연스럽게 전략적 사고방식이 내면화되는 것이다.

특히 눈여겨볼 점은, 본서의 템플릿들이 단순한 양식 제공을 넘어 '상황별 맞춤형 가이드'를 포함하고 있다는 점이다. 즉, 기업의 규모, 산업, 성장 단계에 따라 템플릿의 어떤 부분에 더 집중해야 하는지에 대한 구체적 지침을 제공한다.

▣ 워크북 : 자기주도적 학습과 실시간 피드백의 결합

워크북은 체크리스트와 템플릿을 넘어선 통합적 경영 도구다. 이는 단순히 따라할 지침을 제공하는 것이 아니라, 경영자와 관리자들이 스스로 생각하고, 분석하고, 결정하는 과정을 구조화한다.

핵심은 '자기주도적 발견'에 있다. 워크북이 모든 답을 제공하지는 않는다. 대신, 정확한 질문을 던지고, 그 질문에 답하는 과정에서 경영자 스스로 자신의 기업 상황에 맞는 해결책을 발견할 수 있도록 안내한다.

예를 들어, 조직 진단 워크북은 다음과 같은 과정을 통해 경영자의 사고를 심화시킨다.

1. 현상 파악 : "현재 귀사의 부서별 업무 중첩도를 평가해보세요."

2. 원인 분석 : "업무 중첩이 발생하는 주요 원인 3가지를 구체적으로 적어보세요."

3. 대안 모색 : "기존 조직 구조를 어떻게 재편해야 업무 중첩을 최소화할 수 있을까요?"

4. 실행 계획 : "조직 재편을 위한 3개월 단위 마일스톤을 설정해보세요."

5. 결과 측정 : "조직 재편 후 기대되는 구체적 효과를 수치화해보세요."

이 과정을 통해 경영자는 단순히 지식을 습득하는 것이 아니라, 실제 자신의 기업 상황에 적용 가능한 통찰과 해결책을 스스로 발견하게 된다. 더 중요한 것은, 이 과정 자체가 하나의 훈련이 되어 경영자의 문제 해결 능력과 전략적 사고 방식을 향상시킨다는 점이다.

▣ 자동화된 경영 결과 : 신뢰성과 예측 가능성의 구현

체크리스트, 템플릿, 워크북이 제공하는 궁극적 가치는 '경영 결과의 자동화'에 있다. 이는 동일한 입력이 동일한 출력을 보장하는 시스템을 구축한다는 의미다.

수학적 공식이 일관된 결과를 도출하듯, 체계화된 경영 도구는 경영 과정의 일관성과 예측 가능성을 높인다. 이는 결코 경영의 창의성을 제한하는 것이 아니라, 오히려 기본적인 과정을 자동화함으로써 더 높은 차원의 창의적 사고에 집중할 수 있는 여유를 제공한다.

"자동화는 사람을 대체하는 것이 아니라, 사람이 더 인간다워질 수 있는 공간을 만든다."

실제로 이러한 체계적 도구를 도입한 기업들은 놀라운 결과를 경험했다.

- 경기도의 한 중소 제조업체는 품질 관리 체크리스트를 도입한 후 3개월 만에 불량률을 68% 감소시켰다.
- 서울의 한 IT 스타트업은 고객 응대 템플릿을 표준화하여 고객 만족도를 27% 향상시켰다.
- 부산의 한 유통 기업은 매출 분석 워크북을 활용해 수익성

이 낮은 제품군을 식별하고, 포트폴리오 재조정을 통해 영업이익률을 18% 개선했다.

이러한 사례들은 체계화된 경영 도구가 단순한 편의성을 넘어, 실질적인 비즈니스 성과로 이어진다는 것을 증명한다.

▣ 경험의 암묵지를 형식지로 : 조직 지식의 체계화

체크리스트, 템플릿, 워크북의 또 다른 중요한 기능은 '암묵지의 형식지화'다. 모든 조직에는 공식적으로 문서화되지 않은 채 개인의 경험과 노하우로 남아있는 귀중한 지식들이 있다. 이러한 암묵지는 해당 직원이 퇴사하거나 다른 부서로 이동할 경우 조직에서 영원히 사라질 위험이 있다.

체계화된 경영 도구는 이러한 개인적 경험과 노하우를 명시적인 형태로 전환하여, 조직 전체의 자산으로 보존하고 활용할 수 있게 한다. 특히 중소기업에서는 창업자나 핵심 인력의 암묵지가 회사의 중요한 경쟁력인 경우가 많아, 이를 체계화하는 작업이 기업의 지속가능성에 결정적인 영향을 미친다.

본서에서 제공하는 도구들은 단순히 일반적인 경영 지식만이 아니라, 다양한 산업과 기업 규모에서 검증된 실무적 노하우를 담고 있다. 이는 마치 수십 명의 경험 많은 컨설턴트와 경영자들이 함께 일하는 효과를 가져온다.

▣ 실행의 장벽을 낮추는 구체성

경영 이론과 실행 사이의 간극을 메우는 데 있어 가장 큰 장애물은 '추상성'이다. 많은 경영서들이 훌륭한 원칙과 이론을 제시하지만, 그것을 구체적으로 어떻게 적용해야 하는지에 대한 지침은 부족한 경우가 많다.

본서가 제공하는 체크리스트, 템플릿, 워크북의 가장 큰 차별점은 바로 '실행 가능한 구체성'에 있다. 추상적인 개념이 아니라, 내일 아침 회사에 출근해서 바로 적용할 수 있는 실질적인 도구들을 제공한다.

예컨대, '고객 중심 경영'이라는 개념은 많은 경영서에서 다루고 있지만, 이를 어떻게 실행에 옮길 것인가는 종종 모호하게 남겨진다. 반면, 본서는 다음과 같은 구체적 실행 도구를 제공한다.

- 고객 니즈 발굴을 위한 10가지 질문 체크리스트
- 고객 여정 맵핑 템플릿
- 고객 피드백 분석 및 개선안 도출 워크북

이러한 구체성은 '알고는 있지만 실행하지 않는' 경영 현실을 극복하는 강력한 도구가 된다.

▣ 결론 : 지식에서 실행으로, 가능성에서 현실로

단기 성과와 장기 비전의 균형을 추구하는 현대 기업에게, 체계화된 경영 도구는 선택이 아닌 필수가 되었다. 체크리스트, 템플릿, 워크북은 경영 지식을 실행으로 전환하는 다리 역할을 하며, 기업이 불확실한 환경 속에서도 일관된 성과를 창출할 수 있는 토대를 제공한다.

이 도구들의 진정한 가치는 단순한 편의성을 넘어, 경영의 질적 수준 자체를 향상시킨다는 점에 있다. 경영자들은 이를 통해 업무의 기본적인 부분을 자동화하고, 더 높은 차원의 전략적 사고와 창의적 문제 해결에 집중할 수 있는 여유를 확보할 수 있다.

또한, 이러한 도구들은 단순히 개인의 역량 강화를 넘어, 조직 전체의 역량과 지식을 체계화하고 강화하는 시스템적 접근을 가능하게 한다. 개인에게 의존하던 업무 방식에서 벗어나, 시스템에 기반한 지속가능한 경영 기반을 구축할 수 있게 되는 것이다.

결국, 본서가 제공하는 체크리스트, 템플릿, 워크북을 통해 '그대로 실행하면 결과는 자동'이라는 약속은 단순한 수사가 아니라, 경영의 체계화와 자동화를 통해 달성할 수 있는 현실적 목표다. 단기 성과와 장기 비전을 동시에 추구해야 하는 현대 기업에게, 이보다 더 효과적인 실행 도구를 찾기는 어려울 것이다.

지식은 가능성을 열어주지만, 실행만이 현실을 바꾼다. 체계화된 도구는 그 중간에서 지식을 실행으로, 가능성을 현실로 전환하는 촉매제 역할을 한다. 이것이 바로 이 책 한 권으로도 충분한 이유다.

결정 지연의 숨은 비용
: 망설임이 만드는 기하급수적 손실

▣ "그래도 망설인다?" : 행동의 지연이 초래하는 경영의 숨겨진 비용

처음부터 명확히 인식해야 할 진실이 있다. 경영 환경에서 '망설임'이라는 행동 패턴은 단순한 신중함이나 사려 깊음의 표현이 아니다. 그것은 기업이 지불하고 있는, 때로는 감지하기 어려운 숨겨진 비용의 형태다. 망설임은 시간의 흐름 속에서 조용히, 그러나 지속적으로 기업의 자원을 소진시키는 보이지 않는 손실이다.

이전 5장에서 우리는 체크리스트, 템플릿, 워크북이라는 실행 도구들이 어떻게 경영 결과를 자동화하고 예측 가능하게 만드는지 살펴보았다. 이러한 도구들은 기업이 복잡한 경영 환경에서도 일관된 방향성을 유지하며 나아갈 수 있는 나침반 역할을 한다. 그러나 이러한 도구가 제공되어도 실제 행동으로 옮기지 않

는 경영자들이 많다. 이것이 바로 우리가 이 단원에서 마주해야
할 도전이다.

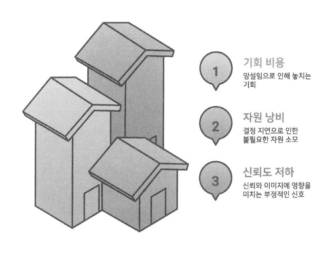

기회 비용
망설임으로 인해 놓치는 기회

자원 낭비
결정 지연으로 인한 불필요한 자원 소모

신뢰도 저하
신뢰와 이미지에 영향을 미치는 부정적인 신호

숨겨진 비용의 유형

▣ 망설임의 심층적 메커니즘 : 행동 지연의 심리학

망설임이라는 현상의 표면 아래에는 복잡한 심리적 메커니즘
이 작동하고 있다. 행동 경제학과 인지심리학의 연구 결과는 경
영자들의 망설임 뒤에 숨은 패턴을 식별하는 데 유용한 통찰을
제공한다.

▣ 완벽주의의 함정

첫째, 많은 경영자들은 완벽한 정보와 계획을 갖추기 전에는

행동을 주저한다. 이른바 '완벽주의의 함정'이다. 그러나 경영 환경에서 '완벽한 정보'란 존재하지 않는다. 시장은 끊임없이 변화하고, 경쟁사는 계속해서 움직이며, 소비자의 선호도 역시 진화한다. 따라서 '더 많은 정보를 얻기 위해' 결정을 미루는 것은 사실상 경쟁에서의 기회를 포기하는 것과 다름없다.

경기도의 한 중소기업 대표는 이렇게 토로한다. "저는 항상 '더 많은 데이터'가 필요하다고 생각했다. 시장 조사 보고서를 더 검토하고, 경쟁사 분석을 더 정교하게 하면 더 좋은 결정을 내릴 수 있을 거라 믿었다. 그런데 어느 날 깨달았다. 제가 검토하는 동안, 경쟁사는 이미 시장에 진입해 고객을 확보하고 있더라. 완벽을 추구하다가 시장을 잃을 뻔했다."

▣ 손실 회피 편향

둘째, 인간의 뇌는 '획득할 수 있는 이익'보다 '발생할 수 있는 손실'에 더 민감하게 반응한다. 행동경제학에서는 이를 '손실 회피 편향'이라고 부른다. 경영자들은 새로운 시도에서 실패할 가능성 때문에 현상 유지를 선택하는 경향이 있다. 그러나 급변하는 경영 환경에서 현상 유지는 사실상 후퇴를 의미한다.

인천의 한 제조업체 임원은 다음과 같은 경험을 공유한다. "디지털 전환에 대한 투자를 2년 동안 미뤘다. '실패하면 어쩌지?', '투자 대비 효과가 없으면 어쩌지?'라는 두려움 때문이었다. 그런데 돌이켜보니, 그 2년 동안 우리가 지불한 '망설임의 비용'은 투자 금액의 세 배에 달했다. 생산성 저하, 인재 유출, 경쟁력

약화···. 당시에는 보이지 않았던 비용들이었다."

▣ 과잉 분석의 덫

셋째, 경영자들은 종종 '과잉 분석의 덫'에 빠진다. 의사결정에 앞서 끝없는 분석과 재분석의 순환에 갇히는 것이다. 데이터를 더 모으고, 더 많은 회의를 하고, 더 많은 시나리오를 검토하는 과정이 결국 행동의 지연으로 이어진다. 그러나 경영의 본질은 불완전한 정보 속에서도 의사결정을 내리고 실행하는 데 있다.

서울의 한 IT 기업 CEO는 이렇게 말한다. "우리는 6개월 동안 신규 서비스 출시를 위한 시장 분석을 했다. 내부 회의만 27번이었다. 그런데 결국 우리가 출시한 서비스 시점은 이미 시장에 유사한 것들이 등장한 후였다. 분석에 몰두하는 동안, 시장은 이미 변해 있었던 것이다."

▣ 망설임의 숨겨진 비용 : 기업이 지불하는 침묵의 세금

망설임은 기업에게 '침묵의 세금'과 같은 비용을 부과한다. 이 비용은 재무제표에 직접 드러나지 않지만, 기업의 성장과 생존에 결정적 영향을 미친다.

▣ 기회 비용의 현실화

첫째, 망설임은 '기회 비용'을 현실화한다. 경영자가 결정을 미루는 동안, 시장의 기회는 사라지고 경쟁사에게 선점된다. 특히 급변하는 오늘날의 경영 환경에서, 6개월의 지연은 때로는 시장 전체를 놓치는 결과로 이어질 수 있다.

부산의 한 스타트업 창업자는 자신의 경험을 이렇게 회상한다. "2019년, 새로운 비즈니스 모델을 구상했지만 '시장이 아직 준비되지 않았다'고 판단해 출시를 미뤘다. 1년 후 똑같은 아이디어로 시작한 경쟁사가 시리즈 B 투자를 유치하는 뉴스를 봤을 때의 그 허탈함은 말로 표현할 수 없다. 그들이 증명한 것은 시장이 준비되지 않은 것이 아니라, 자신이 준비되지 않았다는 사실이었다."

▣ 조직 관성의 강화

둘째, 망설임은 조직의 관성을 강화한다. 결정과 실행이 지연될수록, 조직 내 저항세력은 강해지고 변화의 모멘텀은 약화된다. 한 번 형성된 조직 관성은 이후의 모든 변화 시도를 더욱 어렵게 만든다.

대구의 한 중견기업 경영자는 이렇게 말한다. "디지털 전환을 결정했을 때, 직원들의 첫 반응은 '또 시작이군요. 어차피 몇 개월 후면 없던 일이 될 텐데'였다. 이전에 여러 번 변화를 시도했다가 망설이고 철회했던 저의 패턴이 직원들의 신뢰를 잃게 만든 것이다. 이제는 어떤 변화를 시도하든 3배의 노력이 필요하다."

▣ 혁신 역량의 퇴화

셋째, 지속적인 망설임은 조직의 혁신 역량 자체를 퇴화시킨다. 결정과 실행을 미루는 문화에서는 창의적 아이디어가 억제되고, 리스크 테이킹이 장려되지 않으며, 결과적으로 조직의 혁신 근육이 약해진다.

경남의 한 제조업체 이사는 다음과 같은 통찰을 공유한다. "변화를 망설인 몇 년 동안, 저희 회사는 '혁신'이라는 단어 자체를 잊어버린 것 같았다. 아이디어를 제안하는 직원들도 줄었고, 이미 있는 프로세스를 개선하려는 시도도 드물어졌다. 뒤늦게 혁신을 강조하기 시작했지만, 이미 조직은 변화의 근육을 잃어버린 상태였다. 혁신 역량을 다시 키우는 데 수년이 걸렸다."

▣ 망설임의 심리적 비용 : 리더십의 침식

망설임은 기업에게 경제적 비용을 부과할 뿐만 아니라, 경영자 개인의 리더십에도 심각한 타격을 준다.

▣ 신뢰성의 상실

결정을 내리지 못하고 망설이는 경영자는 조직 내에서 신뢰를 잃게 된다. 직원들은 리더가 명확한 방향성을 제시하지 못하면 불안감을 느끼고, 이는 조직 전체의 사기와 생산성에 부정적 영향을 미친다.

서울의 한 경영컨설턴트는 다음과 같은 사례를 공유한다. "한 중소기업에서 경영자가 주요 투자 결정을 계속 미루자, 핵심 임원 세 명이 동시에 사표를 제출했다. 그들의 퇴사 이유는 '리더십 부재'였다. 경영자의 망설임이 직원들에게는 '방향성 없음'으로 해석된 것이다. 결국 그 회사는 핵심 인재와 함께 시장 기회도 모두 잃었다."

▣ 결정 피로의 심화

지속적인 망설임은 역설적으로 '결정 피로'를 심화시킨다. 작은 결정들이 계속 미뤄지면, 그것들은 축적되어 결국 더 큰 부담으로 돌아온다. 이 상태에서 경영자는 명확한 사고와 과감한 결단을 내리기 더욱 어려워진다.

부산의 한 경영학과 교수는 이러한 현상을 다음과 같이 설명한다. "결정을 미루는 것은 빚을 지는 것과 같다. 미결정 사항이 쌓일수록 이자가 붙어 더 큰 부담이 된다. 결국 경영자는 '결정 부채'의 늪에 빠져, 어떤 결정도 내리기 힘든 상태에 이르게 된다."

▣ 망설임을 극복하는 방법 : 실행 우선주의의 철학

망설임은 기업과 경영자에게 심각한 비용을 부과하지만, 다행히도 이를 극복할 수 있는 방법이 있다. 1장 3절 1단원에서 논의한 체크리스트, 템플릿, 워크북과 같은 실행 도구들은 바로 이러한 망설임을 극복하는 강력한 도구가 될 수 있다.

▣ '완벽한 계획'에서 '충분한 실행'으로의 전환

첫째, 경영자는 '완벽한 계획'보다 '충분한 실행'을 우선시하는 마인드셋을 개발해야 한다. 80%의 정보와 계획으로 행동을 시작하고, 나머지 20%는 실행 과정에서 학습하고 조정하는 접근법이 필요하다.

인천의 한 성공적인 스타트업 창업자는 이렇게 조언한다. "저희 회사의 핵심 원칙은 '실행 후 개선'이다. 완벽한 준비를 기다리지 않고, 최소 실행 가능한 제품(MVP)으로 시장에 빠르게 진입한다. 그리고 고객 피드백을 바탕으로 지속적으로 개선해 나간다. 이 방식 덕분에 경쟁사보다 항상 한발 앞서 나갈 수 있었다."

▣ 결정 프로세스의 체계화

둘째, 결정 과정 자체를 체계화하여 망설임을 최소화해야 한다. 의사결정 매트릭스, 타임박싱(시간 제한 설정), 단계적 승인 프로세스 등의 도구를 활용하면 결정의 질을 유지하면서도 속도를 높일 수 있다.

경기도의 한 중견기업 CEO는 다음과 같은 방법을 공유한다. "모든 의사결정에 '결정 데드라인'을 설정한다. 중요한 결정일수록 더 많은 시간을 할당하지만, 기한이 지나면 무조건 결정을 내린다. 이 단순한 원칙 덕분에 회사의 의사결정 속도가 2배 이상 빨라졌고, 놀랍게도 결정의 질도 높아졌다. 시간 제약이 집중력과 효율성을 높여주는 것 같다."

▣ 실험 문화의 조성

셋째, 조직 내에 '실험 문화'를 조성하여 실패에 대한 두려움을 줄이고 행동을 장려해야 한다. 작은 규모의 빠른 실험을 통해 리스크를 최소화하면서도 학습과 혁신을 촉진할 수 있다.

서울의 한 마케팅 회사 대표는 이렇게 말한다. "저희는 '빠른 실패, 빠른 학습'이라는 철학을 갖고 있다. 새로운 마케팅 접근법을 시도할 때, 전체 예산의 10%만 투입해 소규모로 테스트한다. 실패해도 큰 손실이 없고, 성공하면 빠르게 확장할 수 있다. 이 방식 덕분에 망설임 없이 새로운 시도를 계속할 수 있다."

▣ 결론 : 망설임을 넘어 행동으로

경영자와 관리자들이 명심해야 할 근본적 진실이 있다. 망설임은 단순한 심리적 상태가 아니라, 기업이 지속적으로 지불하고 있는 숨겨진 비용이다. 그것은 기회 상실, 조직 관성 강화, 혁신 역량 퇴화, 리더십 침식이라는 형태로 기업의 성장과 생존을 위협한다.

5장에서 살펴본 체크리스트, 템플릿, 워크북과 같은 실행 도구들은 바로 이러한 망설임을 극복하는 강력한 방법이다. 이 도구들은 경영자에게 명확한 방향성과 구체적인 행동 지침을 제공함으로써, '망설임의 비용'을 줄이고 '실행의 이익'을 극대화할 수 있게 한다.

결국 "그래도 망설인다?"라는 질문은 단순한 수사적 표현이 아니라, 기업 경영의 핵심에 닿아 있는 근본적 도전이다. 망설임은 비용이다. 행동은 투자다. 오늘날의 경영 환경에서는 행동하지 않는 것이 가장 큰 리스크가 되었다.

경영자들은 이제 자신에게 솔직하게 물어야 한다. "나는 지금 손해를 보고 있는가?" 만약 망설임이 당신의 일상이 되었다면, 그 답은 이미 분명하다. 손해는 이미 발생하고 있으며, 시간이 갈수록 그 규모는 커진다.

가장 성공적인 기업과 경영자들은 '망설임의 비용'을 정확히 인식하고, 신속한 결정과 과감한 실행을 통해 이를 최소화한다. 그들은 실패를 두려워하지 않고, 빠른 학습과 적응을 통해 지속적인 성장을 이룬다.

이제 당신의 선택은 무엇인가? 계속해서 망설이며 숨겨진 비용을 지불할 것인가, 아니면 과감히 행동하여 기회를 포착할 것인가? 그 선택이 당신의 기업 미래를 결정한다.

CHAPTER1. 핵심요약
《경쟁사는 이미 미래를 선점하고 있다. 당신은? : 킹핀 3가지》

▣ 살아남기 위한 불가피한 선택의 순간

변화의 물결 앞에서 기업들이 직면한 세 가지 근본적 진실이 있다. 이 진실들은 단순한 경영 통찰이 아닌, 생존과 쇠퇴를 가르는 결정적 갈림길이다. 이것이 바로 10배 컨설팅경영의 핵심 킹핀이다.

▣ 킹핀1. 위기상황을 시스템적으로 대응하지 않으면 1년 내 생존 한계

시간은 더 이상 중립적 흐름이 아니라 치명적 변수가 되었다. 인건비 폭등과 시장 포화는 이미 현실이며, AI와 ESG라는 거대한 변화의 물결은 모든 산업의 근간을 뒤흔들고 있다. 이 변화의 속도는 우리의 예상을 훨씬 뛰어넘는다. 오늘의 망설임은 내일의 후회가 아니라 기업의 존폐를 결정하는 치명적 요소가 되었다. 변화에 대응하는 시간적 여유가 1년, 심지어 6개월로 줄어든 지금, 준비 중이라는 말은 더 이상 변명이 될 수 없다. 시간은 모든 기업에게 공평하게 주어지지만, 그 시간을 어떻게 활용하느냐에 따라 결과는 천차만별이 된다.

▣ 킹핀2. 경쟁사와의 격차는 결단 시점에서 결정됨

새로운 경영 환경의 게임 체인저들을 직시하라는 경고다. AI 기술을 외면한 기업은 이미 생산성과 혁신성에서 뒤처지고 있으며, ESG 경영을 무시한 기업은 투자자와 소비자의 외면을 받고 있다.

이는 단순한 트렌드가 아니라 기업의 천장을 결정짓는 요소들이다. 인건비 절감, 시장 포화 돌파, 고객 경험 혁신 - 이 모든 과제는 AI와 ESG라는 새로운 렌즈를 통해 재해석되고 해결되어야 한다. 이를 무시한 채 전통적 방식만 고수하는 기업은 성장의 한계를 스스로 설정하는 셈이다.

▣ 킹핀3. 10배 성장을 달성한 CEO들의 행동원칙을 지금 당장 따라해보라

10배 성장이 우연의 산물이 아니라 체계적 접근의 결과라는 확신이다. 체크리스트, 템플릿, 워크북이라는 실행 도구들은 경영의 복잡성을 관리 가능한 요소들로 분해하고, 일관된 실행을 가능하게 한다. 단기 성과와 장기 비전 사이의 균형을 유지하면서, 매일의 실행력을 담보하는 이 도구들은 성장의 속도와 규모를 극대화한다. 10배 성장은 희망사항이 아니라 체계적 방법론의 자연스러운 귀결이다.

세 가지 킹핀은 각기 다른 메시지를 전달하지만, 하나의 강력한 외침으로 수렴된다. 지금 이 순간, 행동하라. 이는 단순한 경영 조언이 아니라 비즈니스 생태계의 근본적 변화를 직시한 생존의 명령이다. 위기의 파도 앞에서 망설이는 기업과 과감히 뛰어드는 기업 사이의 격차는 1년 후 돌이킬 수 없는 수준으로 벌어질 것이다. 10배 컨설팅경영은 선택이 아닌 필수가 된 시대, 이 세 가지 킹핀을 내면화하고 행동으로 옮기는 기업만이 다가올 변화의 파도를 넘어 지속 가능한 성장을 이룰 수 있을 것이다.

Chapter.2

90일 성과폭발 매뉴얼
: 3개월 만에 매출
50% 급증

단 90일 안에 매출을 50% 이상 끌어올리는 전
략은 결코 허황된 이야기가 아니다. 핵심 지표(KPI)
를 명확히 잡고, 수천억 규모 CEO들이 공통으로
실천한 '피드백 루프'를 적용하면 폭발적 속도로 성
과를 가속화할 수 있다.

성과폭발 3단계 목표 지표 실행의
강력한 순환고리

▣ 의욕만 넘쳤던 우리의 실패

인천에 있는 중견 제조업체 S사의 이야기는 많은 기업의 현실을 반영한다. 매년 초가 되면 "올해는 반드시 매출을 끌어올리자!"라는 다짐과 함께 한 달 가까이 두툼한 사업계획서를 작성했지만, 1년 뒤 돌아보면 결과는 계획의 절반에도 미치지 못했다.

왜 이런 일이 반복될까? 경영진은 "시장 상황이 좋지 않았다", "자금 조달 시점이 늦었다"와 같은 외부 요인을 늘어놓았지만, 실무진의 목소리는 달랐다. "우리 목표가 구체적으로 뭔지 모르겠다", "부서별로 해야 할 일이 명확히 나눠지지 않았다"는 것이 실제 현장의 문제였다.

이것은 단순한 소통 부재가 아니라, 많은 기업이 겪고 있는 '목표·지표·실행의 불일치' 현상이다. 결국 의욕은 넘쳤으나 결과가 따라주지 않는 악순환이 계속되었다.

▣ 명확한 목표와 모호한 목표 : 운명을 가르는 분기점

비슷한 규모와 시장 환경을 가진 두 회사의 사례를 살펴보자.

- 회사 K (연매출 250억) : 매년 "올해 300억 달성!"이라는 구호
  만 외치며 결국 2% 성장에 그쳤다.
- 회사 S (비슷한 규모) : "6개월 내 매출 30% 증가"라는 구체적
  목표를 세우고 주간 단위로 실행점검을 병행하여, 5개월
  만에 42%의 매출 성장을 달성했다.

두 회사의 결정적 차이는 "목표를 세부 지표로 쪼개고, 즉시
실행하는 시스템"의 유무였다. 이는 단순한 방법론적 차이가 아
니라, 성과 창출의 근본적 접근 방식의 차이다.

회사 S의 대표는 "숫자가 우리에게 '해야 할 일'을 알려줄 것"
이라는, 경영의 깊은 통찰력을 갖고 있었다. 그는 회의 테이블에
서 임원들과 구호만 외치던 과거 방식에서 벗어나, '목표 → 지표
설정 → 실행 담당자 배정 → 주간 검토'라는 구조를 처음으로 도
입했다.

이 시도는 처음에 "우리 회사가 그렇게까지 세밀하게 될까?"
라는 내부 의구심에 부딪혔다. 그러나 대표는 "3개월만 해보자.
안 되면 그때 가서 포기하자"라는 '단기 실험' 접근으로 팀을 설
득했다. 그 결과는 놀라웠다. 3개월 차에 매출이 이미 30% 증가
했고, 그 후로는 경영진과 직원들 사이에 더 이상 이견이 없었

다.

측정 가능성
진전을 평가하기 위한 객관적 기준 제공

긴박감 형성
데드라인을 통해 집중과 효율을 촉진

방향성 제공
조직의 비전과 일치하는 역할 이해

목표 설정의 효과 피라미드

1. 목표가 명확할 때 조직의 에너지가 집중된다

"우리는 성장해야 한다"라는 막연한 선언은 아무런 실질적 행동을 이끌어내지 못한다. 진정한 변화의 시작점은 구체적인 기한과 수치가 있는 목표를 설정하는 것이다.

∴ 명확한 목표의 3가지 필수 요소 :

- 달성 기한 (예: "3개월 내", "올해 9월까지")
- 구체적 수치 (예: "매출 50% 증가", "NPS (Net Promoter Score) 20점 상승")

- 측정 가능한 지표 (예: "매출액", "NPS 점수")

L 제조업체의 사례는 이 차이를 명확히 보여준다. 그들은 과거 "고객 만족도 향상"이라는 모호한 목표만 내세웠을 때는 1년 내내 뚜렷한 개선을 보지 못했다. 그러나 "3개월 내 NPS 20점 상승"이라는 구체적 목표로 전환하고, 주간 단위로 이를 점검하기 시작하자, 불과 2개월 만에 NPS 25점 상승과 재구매율 32% 증가라는 극적인 변화를 이뤄냈다.

여기서 중요한 점은 "고객 만족도 향상"과 "3개월 내 NPS (Net Promoter Score) 20점 상승"이 본질적으로는 같은 지향점을 가지지만, 후자는 직원들에게 "어떤 행동이 필요한지"에 대한 구체적 방향을 제시한다는 것이다. 숫자는 단순히 숫자가 아니라, 행동의 이정표가 된다.

2. 목표를 지표로 구체화하면 실행이 가능해진다

"3개월 내 매출 50% 증가"라는 목표는 처음에는 직원들을 압도하고 심지어 무력감마저 줄 수 있다. 그러나 이를 여러 개의 세부 지표로 분해하면, 복잡한 목표가 실행 가능한 작은 단계들로 변환된다.

∴ 지표 분해의 실제 예시 : "3개월 내 매출 50% 증가" → 세분화
- 신규 고객 획득 : 월 100명 → 200명 (100% 증가)
- 재구매율 : 25% → 35% (40% 증가)

- 객단가 : 5만원 → 6만원 (20% 증가)

이렇게 분해하면 조직은 "매출이 어떤 경로로 증가할 것인지"를 명확히 이해하게 된다. 또한 각 지표별로 담당자를 지정하고 구체적인 실행 방법을 결정할 수 있어, 큰 목표가 조직 전체에 고르게 분산된다.

한 가지 중요한 팁은 핵심 지표를 3~5개로 제한하는 것이다. 너무 많은 지표는 오히려 조직의 집중력을 분산시키고, 우선순위를 모호하게 만든다. "매출 50% 증가"라는 추상적 언어보다, "신규 고객 월 200명 달성"과 같은 구체적 행동 지침이 현장 담당자들의 실질적인 노력을 이끌어낸다.

3. 실행 없는 목표와 지표는 무용지물이다

훌륭한 목표와 지표를 설정했음에도 결과가 미미한 경우가 있다. 이는 대부분 '실행'을 추적하고 관리하는 시스템이 부재하기 때문이다. 목표와 지표가 일상적인 행동으로 연결되지 않으면 아무런 변화도 일어나지 않는다.

∴ 실행력을 높이는 핵심 요소 :
- 구체적인 행동 항목으로 세분화 (예: "재구매율 35%" → "구매 후 1주일 차 고객에게 피드백 전화")
- 행동 항목마다 담당자와 기한 명시 (예: "홍길동 대리: 매일 5명 고객 컨택, 매주 월요일 보고")

- 주간 단위 점검 실시 (예: "금요일 4시, 1시간 동안 이번 주 진척 상황 공유 및 장애 요인 해결")

이러한 실행 체계를 갖춘 기업들은 놀라운 사실을 발견한다. 그것은 바로 "그동안 우리에게 부족했던 것은 아이디어가 아니라, 실행 후 피드백 시스템이었다"는 깨달음이다. 이를 개선하기 시작하면, 빠르게는 2주 후부터 가시적인 변화가 나타난다.

많은 기업이 '주간 실행-점검 체크리스트'를 도입한 후, 목표 달성률이 평균 38% 향상되었다고 보고한다. 또한 3개월 내에 가시적 성과가 드러나면서 조직 내부에 "우리도 하면 되는구나!"라는 자신감이 형성된다. 이것이 바로 성과의 모멘텀, 즉 성공이 또 다른 성공을 부르는 선순환의 시작점이다.

▣ 단기간에 폭발적 성과가 나타나는 3가지 이유

"정말 3개월 만에 매출 50% 증가가 가능할까?" 이런 의문은 자연스럽다. 하지만 단기간에 놀라운 성과를 만들어내는 기업들이 지속적으로 등장하는 이유는 다음 세 가지 메커니즘 때문이다:

1. 모멘텀 효과 : 처음 2주는 변화가 미미하지만, 3~4주 차부터 가파른 상승곡선이 시작된다. 초기 변화가 조직 전체에 확산되면서 "이렇게 하니 되는구나!"라는 심리적 동기부여가 전파된다.

2. 피드백 루프의 가속화 : 주간 단위 점검은 분기나 반기 단위 점검보다 최대 13배까지 빠르다. 문제를 발견하면 즉시

수정하므로, "잘못된 방식을 몇 달씩 지속하는" 낭비가 없다. 개선 속도가 기하급수적으로 상승한다.

3. **숨은 자원의 활성화** : 대부분 기업은 이미 성장에 필요한 미활용 자원(방치된 고객 데이터, 활용 안 된 아이디어 등)을 보유하고 있다. 주간 점검 과정에서 이런 숨은 자원들이 발견되고 활성화되면서 예상 이상의 성과가 창출된다.

▣ 실제 사례 : B제약의 6개월 만에 영업이익률 2배 증가

B제약은 "우리 제품이 품질이 나쁘진 않은데, 왜 영업이익률이 낮을까?"라는 의문을 오랫동안 안고 있었다. 대외적으로는 "원자재 가격 상승 탓"이라고 변명했지만, 정작 자사 내부의 불량률, 판관비 사용 현황 등을 구체적으로 파악하지 않았다.

그들은 "원가율을 45% 이하로 낮추겠다", "불량률을 1.5% 미만으로 잡겠다"라는 구체적인 목표를 설정했다. 그리고 주간 지표 리뷰와 2주마다의 아이디어 공유 시간을 통해, 부서 간 장벽을 허물고 협력을 시작했다.

6개월 만에 목표를 초과 달성한 B제약이 가장 놀란 점은 "우리가 이미 해볼 만한 아이디어가 있었는데 그동안 몰랐구나"라는 깨달음이었다. 이는 성과를 만드는 것이 복잡한 전략이나 혁신적인 아이디어가 아닌, 이미 조직 내에 존재하는 자원과 지식을 효과적으로 활용하는 실행력에 있다는 것을 보여준다.

▣ 지금 당장 시작하려면 : 3단계 프로세스

1. **구체적 목표 1개 설정** : 3개월 내에 달성하고 싶은 단 하나의 핵심 목표를 정한다. (예: "3개월 내 매출 50% 증가")
2. **핵심 지표 3~5개 선정** : 목표 달성을 위한 주요 지표를 구체화하고, 각 지표에 담당자를 배정한다.
3. **주간 실행-점검-조정 시스템** : 매주 동일한 시간에 진척도를 점검하고, 문제점은 즉각 수정한다.

이 세 단계를 충실히 이행한 기업들은 3개월 후에는 매출 50% 상승, 6개월 후에는 이익률 2배 증가와 같은 극적인 변화를 경험했다. 이는 단순한 행운이 아니라, 꾸준히 반복 가능한 메커니즘의 결과다.

사무실 벽에 멋진 슬로건을 붙여놓아도, 목표가 모호하면 직원들은 "무얼 어떻게 해야 하지?"라는 의문 속에서 표류한다. 반면, 구체적 지표와 주간 실행 체계가 있으면 "내가 오늘 무엇을 하면 회사가 정말로 달라질까?"라는 질문에 명확한 답을 얻을 수 있다. 이 미묘한 차이가 3개월, 6개월 후에 놀라운 결과의 차이를 만든다.

지금 이 순간에도 당신의 경쟁사는 '주간 실행-점검'을 통해 한 걸음씩 앞서가고 있을지 모른다. 이번 주부터 시작해보라. 3개월 후, 당신 회사의 변화된 모습에 스스로도 놀라게 될 것이다.

3000억 CEO들의 공통 행동과 주간·월간 점검 노하우

▣ 성공하는 CEO와 그렇지 못한 CEO의 미묘한 차이

기업 경영의 세계에서 우리는 종종 눈에 띄는 차이보다는 미묘한 실행 습관의 차이가 장기적 성과를 좌우한다는 진실을 간과한다. 비슷한 환경, 유사한 자원을 가진 기업들이 왜 극명하게 다른 결과를 만들어내는지에 대한 답은 겉으로 드러나지 않는 일상적 실행 방식에 있다.

많은 CEO들이 "우리도 좋은 비전과 전략이 있습니다. 문제는 실행이죠….''라고 말한다. 하지만 실제로 체계적인 실행 시스템을 구축한 기업은 얼마나 될까? 일부 기업들은 훌륭한 제품 아이디어나 사업 계획을 발표하지만, 분기별 실적 발표 때 목표의 절반도 달성하지 못하는 모습을 보인다. 그들은 "시장 상황이 안 좋았다''거나 "인재가 부족했다''는 외부 요인을 탓하곤 한다.

반면, 비슷한 상황에서도 꾸준히 목표를 초과 달성하며 2~3년 만에 매출과 이익을 수 배씩 불려나가는 소수의 기업들이 있다. 이들의 차별점은 대단히 새로운 기술이나 거창한 자금이 아닌, '실행 과정을 주간·월간으로 꼼꼼히 점검하는 습관'에 있다.

이 장에서는 실행 중심 기업 중 하나인 Z사가 어떻게 2019년 매출 320억에서 불과 4년 만에 3200억으로 10배 성장을 이뤄냈는지를 살펴본다.

▣ Z사의 과감한 선언 : 평범함을 거부한 순간

2019년, Z사는 패션 큐레이션 분야에서 매출 320억 선에 한계를 느끼던 시기였다. 대표는 "브랜드 인지도 없이 오프라인 공룡과 대형 온라인 플랫폼 사이에서 끼어 사라지겠다"라는 위기감을 느꼈다.

이런 상황에서 CEO는 "2년간 수익성을 포기하더라도 데이터 기반 패션 커머스로 완전히 변신하겠다"는 파격적 선언을 했다. 내부적으로는 "아직 안정적 이익도 못 내는데 무리수 아니냐"라는 반발도 있었지만, CEO는 "지금은 과감히 투자하고 실행 속도로 승부를 볼 때"라며 팀을 설득했다.

결과적으로 4년 후, 매출은 320억에서 3200억(10배)으로 폭발적으로 성장했다. 이제 Z사는 해외 시장으로까지 확장하며 '아시아 최대 패션 플랫폼'을 목표로 하고 있다.

▣ 핵심 인사이트

혁신적 성장은 거창한 비전 선언이 아닌, 일상적 실행 속 미묘한 차이에서 비롯된다. 대부분의 기업이 '무엇'을 할 것인가에 집중할 때, 10배 성장 기업은 '어떻게' 실행할 것인가에 집중한다.

흔히 말하는 '비전'이나 '사업전략'도 물론 중요하지만, 시장은 "결국 누가 일상 속에서 구체적인 실행을 제대로 해내느냐"로 승부가 갈린다. 다른 기업들도 "데이터 기반"이라는 말을 했지만, Z사처럼 주간·월간 단위로 이를 철저히 추적하고 점검한 곳은 많지 않았다. 그 작은 실행력의 차이가 10배 성장을 만들었다.

고객과 파트너의 성공
신뢰와 장기적인 관계 구축

패러다임 전환
새로운 기회를 위한 근본적인 변화

핵심 역량에 대한 투자
장기적인 경쟁력을 위한 자원 할당

목표 설정
명확한 방향을 위한 구체적인 목표

Z사의 성공 전략

1. AI 개인화 추천 : 철저한 주간 점검의 힘

일반적인 기업들이 혁신 프로젝트를 분기 단위로 점검할 때,

Z사는 주간 단위 점검을 통해 변화의 속도를 가속화했다.

∴ **실행 포인트 :**
- 6개월 내 추천 정확도 80% 달성이라는 명확한 목표 설정
- 기술팀을 12명에서 50명으로 과감히 확장
- 매주 금요일 2시에 '정확도 점검' 미팅 고정 진행
- CEO가 직접 참여하여 진척도 확인 및 장애물 제거

Z사의 AI 추천 엔진 개발 과정에서, 초반에 데이터 수집 지연 문제가 발생했다. 일반적인 회사라면 "데이터 담당 부서가 잘 해결하겠지…"라며 몇 주 더 지켜볼 수 있었을 것이다. 그러나 Z사는 매주 금요일마다 문제를 수면 위로 올리고, CEO가 즉시 데이터 파트너십 협상에 뛰어들어 2주 만에 해결했다.

이런 빠른 대응으로 예상 6개월짜리 프로젝트가 5개월 만에 완료되었고, 목표 정확도 80%를 넘어 87%를 달성했다. 이는 주간 점검이 리스크를 얼마나 빨리 드러내고 조치하게 하는지를 잘 보여준다.

2. 통합 결제 시스템 : 단기 집중의 폭발적 효과

대부분의 기업들이 "6개월~1년은 걸릴 것"이라 예측하는 시스템 프로젝트를, Z사는 '단기 집중 작전'으로 100일 만에 끝냈다.

∴ **실행 포인트 :**

- '100일 작전'이라는 이름의 집중 프로젝트팀 구성
- 최고 인재들을 한시적으로 차출하여 전담팀 구성
- 매일 아침 15분 스탠드업 미팅으로 장애물 즉시 해결
- 85일 만에 완성하여 시장 선점 효과 극대화

한 팀원이 "정말 100일 만에 개발·테스트·도입까지 가능할까요?"라고 물었을 때, PM은 "우리가 지금까지 생각한 '개발 6개월+테스트 3개월+런칭 1개월'은 최대치 기간일 뿐, 실제로는 현장을 직접 붙들고 파면 훨씬 빨라질 수 있다"고 주장했다. CEO가 이 접근법을 지지하면서 팀은 매일 아침 15분씩 장애물을 즉석에서 해결하며 85일 만에 시스템을 오픈했다.

그 결과, 통합 결제 시스템 도입 후 3개월 만에 전체 거래의 42%가 통합 결제를 사용하기 시작했고, 객단가는 47% 상승, 재구매율은 2.5배 증가했다. 이는 업계 평균 대비 3배 빠른 성과였다.

3. 판매자 성공 프로그램 : 장기적 파트너십 구축

Z사는 내부 혁신을 넘어 외부 파트너와의 관계까지 재정의했다.

∴ 실행 포인트:
- 5년간 수수료 동결이라는 과감한 약속
- 맞춤형 지원 패키지(데이터 인사이트, 마케팅 지원, 무이자 운영자금)
- 판매자별 성공 매니저 지정 및 월별 성과 리뷰
- 분기별 '판매자 성공 컨퍼런스'로 커뮤니티 강화

초기에 판매자들은 "5년간 수수료 동결? 그럼 Z사도 이익을 못 볼 텐데, 왜 이렇게까지 하지?"라며 의구심을 가졌다. 그러나 첫 분기부터 '데이터 인사이트 리포트'나 '무이자 자금 지원' 등 실질적 도움을 받자 "Z사와 함께 가는 게 이익"이라고 느끼게 되었다.

도입 1년 후, 판매자당 평균 매출은 2.8배 증가했고, 판매자 유지율은 92%로 업계 최고 수준을 기록했다. 더 놀라운 것은 판매자들이 Z사 플랫폼에 독점 상품을 출시하기 시작했다는 점이다.

▣ 주간·월간 점검 시스템 : 3000억 CEO들의 공통 습관

Z사뿐 아니라, 단기간에 폭발적 성장을 이룬 기업들의 공통점은 철저한 주간·월간 점검 습관이다.

∴ 주간 점검 체계

1. 고정 요일·시간 설정 : 매주 월요일 오전 10시와 같이 절대 변경되지 않는 시간
2. 핵심 지표 3-5개만 집중 : 너무 많은 지표는 집중력 분산
3. 문제 → 해결책 → 담당자 → 기한의 명확화 : 모호함 없는 실행 계획
4. CEO의 적극 참여 : 최고 의사결정자가 장애물을 즉시 제거

∴ 월간 점검 체계

1. 월말 1일 워크숍 : 모든 주요 프로젝트의 진척도 점검
2. 위험요소 선제 발굴 : 잠재적 문제의 조기 식별 및 대응

3. 다음 달 우선순위 재조정 : 시장 변화에 따른 유연한 조정

4. 조직 간 협업 이슈 해결 : 부서 간 갈등이나 우선순위 충돌 조정

Z사의 사례에서, 월간 회의 때 개발팀과 마케팅팀이 "어떤 기능을 먼저 론칭할 것이냐"로 갈등하던 일을 CEO가 직접 중재했다. 그 결과, 우선순위가 명확해지면서 발표 시점이 한 달 이상 앞당겨졌다.

▣ 체크리스트 활용 시 기대효과

이 장에서 제공하는 '주간·월간 점검 체계 체크리스트'를 6개월간 철저히 실행한 기업들은 평균적으로 연간 성장률이 42% 향상되었으며, 프로젝트 완료 속도가 2.3배 빨라졌다.

▣ 자주 묻는 질문

Q : 우리 회사는 규모가 작아 Z사처럼 많은 리소스를 투입할 수 없습니다. 그래도 적용 가능할까요?

A : 정확히 그렇기 때문에 더욱 필요한 접근법이다. 규모가 작을수록 집중과 실행의 효율성이 중요하다. Z사의 사례에서 리소스보다 중요한 것은 '실행의 일관성'과 '문제 해결 속도'였다. 소규모 기업은 오히려 의사결정 속도가 빠르다는 장점을 활용할 수 있다.

Q : 이미 바쁜데, 주간·월간 회의까지 늘리면 업무 부담만 커지지 않을까요?

A : 반대로, 문제가 누적되어 한 번에 폭발하는 것을 방지함
으로써 장기적으로 업무 부담이 줄어든다. 1~2시간씩 시
간을 할애해 제때 장애물을 제거하면, 추후 수십 시간의
야근이나 리스크가 사라진다. "작은 정비가 큰 사고를 막
는다"는 원리이다.

▣ 10배 성장의 결과: 평범한 기업에서 산업 리더로

Z사의 4년간의 변화는 숫자로도 명확히 드러난다.

- 매출 성장 : 320억(2019년) → 3200억(2023년), 4년 만에 10배
- 영업이익률 : 5%(2019년) → 12%(2023년), 2.4배 향상
- 직원 만족도 : 67점(2019년) → 89점(2023년), 업계 최상위 수준
- 시장 점유율 : 국내 패션 이커머스 시장 3위 → 1위로 도약

Z사의 성공 비결은 복잡한 전략이나 혁신적인 아이디어가 아
니었다. 그들이 가진 가장 큰 차별점은 '당연하게 여겨지는' 실행
의 디테일에 있었다. 성공한 CEO들은 이 미묘한 차이를 본능적
으로 알아채고, 일상적 관행으로 정착시킨다.

우리는 종종 성공의 비결을 특별하고 극적인 무언가에서 찾
으려 한다. 하지만 진정한 성장의 열쇠는 평범해 보이는 일상 속
실행 방식의 미묘한 차이에 있다. 일상적인 점검, 투명한 소통,
그리고 즉각적인 문제 해결이라는 단순하지만 강력한 원칙이 10
배 성장을 만들어낸다. 이제 당신의 차례이다.

즉시 활용 가능한 90일 액션플랜
: 바로 쓰는 템플릿

▣ 화려한 계획이 왜 현실이 되지 못할까?

서울의 중소 제조업체를 운영하던 L대표의 이야기는 많은 경영자에게 익숙한 풍경일 것이다. 매년 연초가 되면 팀별 예산안을 잡고, 신제품 개발 로드맵을 그리고, 투자자를 위한 두툼한 사업계획서를 작성하는 분주함이 이어진다. 계획의 내용은 그럴듯하고 탄탄해 보였지만, 1년이 지난 후의 결과는 언제나 같았다.

"목표의 절반도 달성하지 못했다."

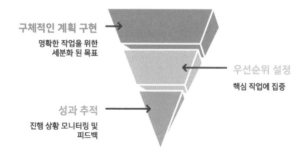

성과 향상 퍼널

L대표는 고민했다.

"우리는 왜 매년 계획보다 훨씬 낮은 성과만 내는가?"

"작년에 짠 계획이 그렇게 엉성했나?"

깊이 성찰해보니, 문제의 본질은 다른 곳에 있었다. 계획서는 그럴듯했지만, 구체적으로 누가, 언제, 무엇을, 어떻게 할 것인지가 모호했던 것이다. 실행으로 이어지지 않는 계획은 결국 종이 위의 희망사항에 불과했다.

이러한 '실행 불가'한 계획만 계속 세우던 L대표는 어느 날 지인을 통해 "90일 액션플랜"이라는 개념을 접하게 되었다. 이 방식을 도입한 첫해, 그는 3개월 만에 목표 매출을 훌쩍 넘기며 "이것이 진정한 실행 계획이구나"를 체감했다.

▣ 왜 대부분의 계획은 실패하는가?

"아무리 좋은 이론도 실행하지 않으면 아무 소용이 없다." 비즈니스 세계에서 수없이 회자되는 이 진실은 실행 없는 전략의 공허함을 적나라하게 보여준다.

R투자그룹의 CEO J씨는 이렇게 고백했다.

"매년 회사 전체가 모여 컬러풀한 연간 계획서를 만들었지만, 실제 달성률은 40% 수준에 불과했다. 문제는 '매출 20% 증대', '신규 사업 확장' 같은 모호한 선언이 전부였고, 누가, 언제, 어떻게 할 것인지가 명시되지 않았다."

우리는 이런 현상을 비즈니스 현장 곳곳에서 목격한다. 회의실에 멋진 PPT와 표, 큰 목표 수치가 등장해도, 실행 가이드가 구체적이지 않으면 '말잔치'로 끝나기 쉽다. 이때, '90일 액션플랜'이 바로 계획과 실행 사이의 간극을 메워주는 핵심 도구가 된다.

▣ "90일 액션플랜" 템플릿의 5가지 핵심 요소

1. 대표 목표 : 90일 후 달성하고자 하는 1~3개의 핵심 목표
2. 핵심 KPI : 목표 달성을 측정할 수 있는 구체적 지표
3. 주간 액션 : 매주 반드시 실행해야 할 구체적 행동 목록
4. 책임자 : 각 액션 실행을 책임지는 담당자
5. 진행 현황 : 주간/월간으로 업데이트되는 실행 상황과 결과

이 템플릿이 단순히 "종이 위에 적어둔 계획"이 아니라 매일·매주 '살아 있는 문서'로써 관리될 때, 비로소 '단순하지만 강력한' 변화의 힘이 발휘된다.

▣ 실전 템플릿 예시 : 영업팀의 90일 액션플랜

대표 목표 : 90일 내 신규 고객 매출 50% 증가 (현재 2억/월 → 목표 3억/월)

∴ 핵심 KPI :

- 신규 고객 계약 건수 : 월 5건 → 월 10건
- 고객당 평균 계약액 : 4,000만 원 → 5,000만 원
- 제안 성공률 : 25% → 35%

∴ 주간 액션 아이템 :

- 신규 잠재고객 15개사 컨택 (전화/이메일)
- 대면 미팅 5건 진행
- 제안서 3건 발송
- 계약 체결 2건
- 목표 달성률 주간 리뷰 및 전략 조정

∴ 책임자 :

- 잠재고객 발굴 : K과장
- 제안서 작성 : P대리
- 미팅 및 계약 체결 : 전체 영업팀
- 성과 분석 및 전략 조정 : L팀장

90일 뒤, 이 팀은 신규 고객 매출이 실제로 50% 이상 증가했다. 가장 중요한 차이점은 매주 팀원들이 '이번 주 내가 꼭 해야 할 일'을 정확히 인식하고, 작은 성공을 쌓아간 점이었다.

▣ "90일 액션플랜"을 성공적으로 활용한 3가지 사례

사례 1 : H전자 - 신제품 출시 90일 만에 시장점유율 15% 확보

∴ **Before:**
- 신제품 출시 시 광고 위주 전략
- 인플루언서 선정에 대한 명확한 기준 없음

∴ **After:**
- 시장점유율 17.3% 달성
- SNS 구매 전환율 3배 증가

H전자는 "출시 90일 내 시장점유율 15% 달성"이라는 도전적 목표를 세우고, SNS·인플루언서·온오프라인 이벤트 등 액션을 주간 단위로 촘촘히 점검했다. 2주차에 SNS 반응이 저조하다는 사실을 확인하고 "메가 인플루언서 → 중간 규모 인플루언서"로 즉시 마케팅 전략을 수정했다. 4주차부터 SNS 구매 전환율이 3배 상승하면서 90일 안에 목표를 초과 달성했다.

핵심 교훈 : 분기별로 한 번씩 점검했다면 이런 문제는 한두 달 후에나 발견됐을 것이다. 매주 데이터를 확인한 덕분에 초기부터 신속히 방향을 조정할 수 있었다.

사례 2 : B컨설팅 - 영업이익률 2.2배 증가

∴ **Before:**
- 영업이익률 9.1%

- 컨설턴트 가동률 65%

∴ After:
- 영업이익률 20.1%
- 컨설턴트 가동률 80%+

B컨설팅은 "90일 내 영업이익률 2배 증가"라는 과감한 목표를 설정하고, 핵심 KPI에 집중했다. 4주차에 컨설턴트 가동률이 낮은 사실을 파악하자, 즉시 '주간 파이프라인 미팅'을 신설해 영업팀과 컨설팅팀 간의 스케줄을 조정했다. 6주 차부터 가동률이 목표치 이상을 달성하기 시작했고, 결국 90일 내 영업이익률이 2배 이상 상승했다.

핵심 교훈 : 외부 매출이 크게 늘지 않아도, 내부 운영 효율만으로도 대규모 수익 개선이 가능했다. 그 기반은 주간 점검을 통한 '데이터 기반 의사결정'이었다.

▣ 당신의 기업에 맞는 "90일 액션플랜" 템플릿 만들기

Step 1 : 핵심 목표 설정하기. 목표는 구체적, 측정 가능하며, 기한이 있어야 한다. 예) "90일 내 신규 고객 매출 50% 증가 (현재 2억/월 → 목표 3억/월)"

Step 2 : 핵심 KPI 선정하기. 너무 많은 지표는 오히려 집중력을 분산시킨다. 2~5개 정도의 진짜 중요한 지표만 선택하라.

Step 3 : 주간 액션 아이템 작성하기. KPI를 달성하기 위해 매주 실행해야 할 구체적 행동을 명시한다. 예) "월요일까지 SNS 광고 3개 세트 론칭, 예산 100만원 배정"

Step 4 : 책임자 지정하기. "모두의 책임은 아무의 책임도 아니다." 각 액션별로 반드시 담당자와 마감 기한을 정한다.

Step 5 : 진행 현황 트래킹 시스템 구축하기. 핵심은 계획이 아닌 실행과 피드백이다. 매주 진행 상황을 기록하고, 결과를 공유하며, 즉시 조정한다.

▣ "90일 액션플랜" 성공을 위한 7가지 실전 팁

1. 템플릿은 단순하게 : 한 장 종이에 담을 수 있을 정도로 간결하게

2. 주간 리뷰 절대 건너뛰지 말기 : 매주 점검은 내비게이션의 경로 조정과 같다

3. 액션 아이템은 구체적일수록 좋다 : "마케팅 강화" 대신 "월요일까지 인스타그램 광고 3개 세트 론칭, 100만원 배정"

4. 목표는 도전적이되 달성 가능해야 : 지나치게 쉽거나 어려운 목표는 동기부여를 떨어뜨린다

5. 초기 성공 경험 만들기 : 첫 2~3주에는 달성하기 쉬운 목표를 넣어 '빠른 승리' 확보

6. 성과를 시각화 : 그래프·차트 등으로 진행 상황을 한눈에 보여주면 동기부여가 극대화된다

7. 작은 성공도 축하 : 주간 단위 작은 성과도 팀 전체가 공유하고 기쁨을 느끼는 문화를 형성한다

▣ 오늘부터 시작하라

"90일 액션플랜"은 복잡한 학문이 아니다. 명확한 목표, 구체적 행동 계획, 그리고 철저한 점검이라는 원칙을 간결하게 담은 도구일 뿐이다. 오히려 이 단순함이 가장 강력한 힘을 발휘한다.

많은 기업들이 "우리도 이렇게 해야지" 하다가 복잡한 전략 수립서나 장황한 프로세스 도표에 빠져버린다. 그러나 실제 성과는 "주간 단위로 누가 무엇을 했는가"를 꾸준히 관리할 때 만들어진다.

계획과 실행의 간극은 미묘하지만 결정적이다. 화려한 비전과 전략 문서를 만드는 기업은 많지만, 그것을 일상의 구체적 행동으로 전환하는 기업은 소수에 불과하다. 성공하는 기업과 그렇지 못한 기업의 차이는 바로 이 '실행의 디테일'에서 발생한다.

L대표처럼 '계획대로 안 되어 속만 썩이는' 상황에서 벗어나고 싶다면, 오늘 바로 이 템플릿을 사용해 90일의 실험을 시작해보라. 당장 오늘 각 부서와 간단한 1시간 회의를 잡아, 대표 목표를 설정하고 2~3개 지표를 선정해보자. 그리고 주간 단위 점검을 지속한다면, 90일 후 당신과 팀이 마주하게 될 변화는 기대 이상일 것이다.

▣ 자주 묻는 질문

Q : 작은 규모의 스타트업도 이 시스템을 적용할 수 있을까?

A : 오히려 소규모 조직일수록 빠른 의사결정과 실행 속도가 장점이므로, 90일 액션플랜의 효과를 극대화할 수 있다. 한두 명이 움직여도 매주 실행-피드백-조정이 이루어진다면, 대기업보다 훨씬 더 민첩하게 목표를 달성할 수 있다.

Q : 90일이라는 기간이 중요한 이유는 무엇인가?

A : 1년은 너무 길어 긴장감이 떨어지고, 한 달은 너무 짧아 의미 있는 변화를 만들기 어렵다. 90일은 집중력을 유지하면서도 유의미한 성과를 낼 수 있는 최적의 기간이다. 인간의 심리적 집중 한계와 비즈니스 변화의 리듬에 가장 잘 맞는 시간대라고 할 수 있다.

초단기 매출 상승 vs 폭망의 지름길
: 잘못된 지표와 비용 함정

▣ 화려한 매출 급증 뒤에 놓인 함정

경영의 세계에서 우리는 종종 성공을 단순한 지표들로 환원하려는 유혹에 빠진다. 3개월 만에 매출이 두 배, 일주일 만에 고객 수 세 배…. 언뜻 들으면 놀라운 성공담 같지만, 이러한 수치의 이면에는 예상치 못한 위험이 도사리고 있을 수 있다.

서울에 있는 E스타트업의 사례는 이러한 함정을 명확하게 보여준다. 이 회사는 SNS 광고에 자금을 집중적으로 투입한 후 2주 만에 신규 가입자 수가 300% 증가하는 놀라운 성과를 거두었다. 경영진은 대성공이라며 환호했지만, 한 달 뒤 냉혹한 현실이 드러났다. 신규 사용자의 80%가 첫 주에 앱을 삭제한 뒤 다시는 돌아오지 않았다. 더 심각한 것은 광고 비용으로 현금흐름이 고갈되어 핵심 기능 개발을 중단해야 하는 상황에 직면했다는 점이다.

　이 장에서는 단기 성과의 함정을 피하면서도, 90일 안에 실질적인 '매출 50% 상승'을 달성할 수 있는 균형 잡힌 전략을 살펴본다. 겉으로 드러나는 화려한 수치가 아닌, 기업의 지속가능한 성장을 뒷받침하는 진정한 성과 지표는 무엇인지 파헤쳐 본다.

마케팅 전략의 영향

▣ 단기 성과의 함정 : 위험한 지표와 비용 함정

∴ D커머스의 실패 사례

　온라인 쇼핑몰 D커머스는 '신규 고객 수'라는 단일 지표에 집착하는 오류를 범했다. 초기에 신규 고객 유입은 폭발적으로 증가하여 475%라는 놀라운 수치를 달성했지만, 그 이면에는 심각한 문제들이 숨어 있었다.

- 고객 획득 비용(CAC)이 4배 증가 (2만 원 → 8만 원)
- 신규 고객의 63%가 첫 구매 후 이탈
- 충성 고객들의 불만이 증가
- 고객 생애 가치(LTV)가 급격히 하락

D커머스의 전 CEO는 후일 "단일 지표 맹신이 회사를 망쳤다"고 고백했다. 겉보기에 인상적이었던 '신규 고객 10만 명 유치'라는 수치는 사실 재구매율이나 수익성 관리 없이 마케팅 예산을 무분별하게 투입한 결과였던 것이다.

▣ 주의해야 할 '위험 지표'들

많은 기업들이 다음과 같은 위험한 지표에 지나치게 의존하는 경향이 있다.

1. 총 매출액만 보는 경우 : "매출은 올랐지만 적자는 더 커졌다."
2. 웹사이트 트래픽/앱 다운로드 수 : 실제 구매나 매출로 이어지지 않으면 무의미
3. SNS 팔로워 수/좋아요 수 : 브랜드 인지도는 늘 수 있지만 수익성과 직결되지 않을 수 있음
4. 고객 수 증가율 : 실제 고객 가치(재구매율, LTV)가 무시되면 단순한 숫자 게임에 불과
5. 할인율/프로모션 참여율 : 장기적으로 가격 저항과 마진 악화를 초래할 수 있음

기업들이 이러한 '가시적 지표'에 집착하는 이유는 단순하다. 이사회나 투자자들에게 '눈에 띄는 숫자'를 보여주기 쉽기 때문이다. 그러나 지속가능한 수익성이 담보되지 않는다면, 머지않아 비용 폭탄을 맞을 위험이 커진다.

▣ 자금 유출의 블랙홀 : T소프트웨어

"3개월 성과를 위해 회사의 미래를 저당 잡았다."

- T소프트웨어 창업자 J씨

T소프트웨어는 "90일 내 사용자 200% 증가"라는 목표를 위해 6개월 운영 자금의 70%를 마케팅에 투입했다. 초기에는 사용자 수가 폭발적으로 증가했지만, 곧 다음과 같은 문제들이 연이어 발생했다.

- 추가 광고비 1억 원 투입 후 신규 사용자 유입 80% 감소
  (광고 효율 급락)
- 현금흐름 악화로 제품 개발·고객 지원에 투자 불가
- 서비스 품질 저하와 사용자 이탈 증가

결과적으로 3개월간의 반짝 성과는 있었으나, 그 비용이 너무 커서 기업의 장기 생존이 위태로워졌다.

▣ 균형 잡힌 90일 액션플랜 : 성과와 건전성의 통합

단기간에 매출을 끌어올리되, 지속가능성도 해치지 않는 전

략은 없을까? 정답은 '복합 지표 관리'와 '단계적 자원 투입'에 있다.

∴ 1. 균형 잡힌 복합 지표 설정

실행 가이드 :

- 성장 지표 : 매출 증가율, 신규 고객 증가율
- 수익성 지표 : 영업이익률, 고객 획득 비용(CAC), 투자 수익률(ROI)
- 건전성 지표 : 재구매율, 고객 생애 가치(LTV), 현금흐름 지표
- 효율성 지표 : 직원당 매출, 마케팅 비용 대비 매출(ROAS)

B테크의 CEO는 "우리는 '북극성 지표'로 LTV를 선택했다. 모든 의사결정은 이 지표에 어떤 영향을 주는지로 판단한다"고 말한다. 즉, 고객 한 명이 궁극적으로 얼마의 가치를 창출하는지가 회사의 성장·수익성·건강도를 종합적으로 반영한다고 보는 것이다.

∴ 2. 단계적 자원 투입 및 검증

실행 가이드 :

- 파일럿 테스트 : 소규모 예산으로 먼저 효과를 검증
- 점진적 확장 : 성과가 검증되면 예산을 단계적으로 확대
- 지속 모니터링 : 규모를 키울 때마다 광고 효율, 구매 전환율 등 변화를 추적
- 신속 조정 : 효율 저하 신호가 포착되면, 즉시 전략을 수정

하거나 중단

G커머스의 최고재무책임자(CFO, Chief Financial Officer)는 "'3-30-300' 원칙을 따른다. 첫 3천만 원으로 테스트하고, 효과를 확인하면 3억, 그다음 30억 원으로 점진적으로 확대한다"고 설명한다. 이는 리스크를 분산하면서도 빠른 검증을 가능하게 하는 방식이다.

∴ 3. 주간 성과 리뷰 및 즉각 조정

실행 가이드 :

- 매주 금요일 핵심 지표 점검 회의
- 예상 대비 실제 성과 차이 분석
- 비효율적 비용 지출 발견 시 즉시 중단
- 성과 높은 활동에 자원 재배분

급변하는 시장 환경에서는 분기별 회의로는 대응이 늦다. 주간 단위로 지표를 확인하고 "이 광고는 효율이 급락했네?"라고 판단되면 다음 주에 바로 자금을 다른 채널로 전환하는 민첩한 조치가 필수적이다.

∴ 4. 현금흐름 관리 우선시

실행 가이드 :

- 매주 현금 흐름 상황 체크 (입금/지출 예정 내역 포함)
- 최소 3개월 운영 자금은 항상 확보
- 과도한 선행 투자는 지양

- 매출 증가와 실제 현금 유입 사이 시차를 고려

C메디컬의 CEO는 "아무리 훌륭한 성장 계획도 현금흐름이 끊기면 무용지물"이라며, 매주 결산으로 잔고와 예측 지출을 보고받는다. 신규 사업이 기대에 미치지 못할 때, "며칠만 더 버티자"라는 사고방식은 기업을 위기로 몰아넣을 수 있기 때문이다.

▣ 성공 사례 : P식품의 균형 잡힌 접근법

P식품은 균형 잡힌 지표 관리와 단계적 예산 투입을 통해 놀라운 성과를 달성했다.

∴ 1. 균형 잡힌 지표 관리

P식품은 "90일 내 매출 50% 증가"라는 목표를 설정하되, 동시에 수익성과 건전성 지표도 함께 모니터링했다.

- 성장 지표 : 매출 증가율 50% 달성
- 수익성 지표 : CAC, 영업이익률, ROI
- 건전성 지표 : 재구매율 15% → 28%, LTV 18% 증가

∴ 2. 단계적 예산 투입

- 1단계(2주) : 3억 원, 타겟 마케팅
- 2단계(4주) : 7억 원, 효과적 채널 확대
- 3단계(6주) : 10억 원, 검증된 채널 집중

∴ 3. 주간 성과 리뷰 및 현금흐름 중심 운영

- 매주 금요일 팀장 회의에서 주요 지표 점검
- 예상치보다 효율 낮으면 즉시 예산 축소
- 여유 자금은 다른 채널로 재투입

▣ 결과

- 매출 63% 증가 (목표 50% 초과)
- 예산 33% 절감 (30억 계획 중 20억만 사용)
- 재구매율 15% → 28% 향상
- 고객 LTV 18% 상승

P식품은 '상대적으로 적은 비용'으로 단기 성과를 달성하는 동시에, 장기적 수익 기반인 재구매율과 LTV도 함께 높이는 데 성공했다.

▣ 핵심 인사이트

"단기 성과를 추구하되,
장기적 건전성을 해치지 않는 균형 잡힌 접근법.
이것이 바로 '90일 액션플랜'의 진정한 가치다."

- 컨설팅 경영의 대가 황창환

많은 기업이 당장의 매출을 높이기 위해 광고비나 할인 프로모션에 과도하게 집중했다가, 결국 적자와, 현금흐름 위기에 직면한다. 균형 잡힌 90일 액션플랜을 활용한다면, 단기 성과와 중

장기 내실을 동시에 달성할 수 있다.

경영의 본질은 단순한 수치의 증가가 아닌, 지속가능한 가치 창출에 있다. 표면적으로 드러나는 화려한 지표 이면의 진실을 꿰뚫어보고, 기업의 근본적인 건강성을 유지하면서 성장을 추구하는 지혜가 필요한 시대이다.

▣ 90일 액션플랜 핵심 체크리스트

- 성장·수익성·건전성 지표를 균형있게 설정했는가?
- 자원 투입이 단계적으로 계획되어 있는가?
- 주간 성과 리뷰 시스템이 구축되어 있는가?
- 최소 3개월 운영 자금이 확보되어 있는가?
- 효율 저하 시 즉각 조정할 수 있는 체계가 있는가?

"짧게 폭발하고 긴 시각으로 살아남는" 경영 전략이야말로 진정한 10배 성장의 시작점이다.

당신 회사에 맞는 KPI
& 실시간 성과 추적 대시보드

▣ "우리는 대체 어디를 봐야 할까?"

경영 환경이 갈수록 복잡해지고 있다. 신제품 출시, 경쟁사 동향, 글로벌 이슈, 각종 규제 변화…. 하루에도 수십 가지 지표가 경영진의 눈앞에 쏟아진다. 문제는 어느 지표가 정말 중요하고, 어느 지표가 부차적인 것인지 알기 어려워진다는 점이다.

서울의 M사 대표는 이런 혼란을 절감한다. "ERP, CRM, 소셜 리스닝, 광고 성과 분석…. 데이터 대시보드를 매일 열지만, 정작 구체적으로 뭘 우선 챙겨야 하는지 모르겠다"는 것이다. 그 결과 결정 장애에 빠져 "시간만 흘려보내는" 일이 비일비재하다.

중소기업 CEO들은 특히 이러한 데이터 과잉 상황에서 더 큰 혼란을 겪는다. 대기업과 달리 전문 데이터 분석팀이 없는 상황에서 핵심을 찾아내기란 쉽지 않기 때문이다. 하지만 역설적으로, 바로 이 '단순화'의 능력이 중소기업의 민첩성을 만들어내는 핵심 경쟁력이 된다.

이 장에서는 '데이터 과잉' 속에서 기업 성장을 책임질 세 가지 결정적 지표를 골라 집중하는 방법을 제시한다. 그리고 이를 실시간으로 추적·관리해 "90일 만에 매출 30% 이상 증가"라는 현실적 성과로 이끌어내는 로드맵을 공개한다.

▣ 3가지 핵심 지표의 힘 : 단순함이 만드는 폭발적 성과

> "경영에서 진정한 성공은 복잡한 전략이 아닌,
> 단순한 집중에서 시작한다."
>
> - 하버드 비즈니스 리뷰

많은 연구에 따르면, 실제로 좋은 성과를 내는 기업들은 평균 3~5개의 핵심 지표만 집중적으로 관리한다. 무수히 많은 데이터를 구글 스프레드시트에 쌓아 놓는 대신, 그중 정말 중요한 수치를 매주·매월 모니터링하며 행동에 옮긴다.

전문 경영 컨설턴트들이 고객사를 방문했을 때 가장 먼저 하는 일은 경영진이 '매일 보는 지표'가 무엇인지 확인하는 것이다. 그리고 놀랍게도, 성공하는 CEO들은 대체로 매우 단순한 지표 몇 개를 깊이 파고든다는 공통점이 있다.

▣ 경영자 인사이트

"수년간 복잡한 전략을 시도했지만, 실제 성과는 세 가지
지표에 집중한 90일 동안 폭발적으로 나타났다. 매출은
40% 증가했고, 영업이익률은 두 배가 되었다."

— E기업 CEO

컨설팅 경영의 핵심은 바로 이러한 '단순함의 역설'을 이해하는 데
서 출발한다. 많은 지표를 보는 것이 아니라, 핵심 지표에 모든 조직
의 에너지를 집중시키는 것이다. 그렇다면 이 세 가지 지표는 무엇일
까?

고객 여정에서 매출 증가

1. 매출 성장률 : 시장 확장의 첫 번째 열쇠

매출 증가가 단순히 '숫자'만을 의미하는 것은 아니다. 이는 곧 고객의 문제를 더 정확하게 해결했다는 신호다.

∴ A기업 성공 사례

A기업은 월 매출 3억 원에서 몇 달째 정체 중이었다. 경영진은 "우리는 가격이 강점이야!"라고 생각했지만, 정작 고객 인터뷰를 해보니 '배송 속도와 맞춤형 서비스'가 더 중요했다. 이 차이를 깨닫고 전략을 재구성한 뒤, 60일 만에 매출이 50% 증가했다.

훌륭한 제품이 있어도 고객이 진정으로 원하는 가치를 제공하지 못한다면 매출 성장은 일어나지 않는다. A기업의 사례는 '고객 관점'에서 비즈니스를 재정의했을 때 어떤 변화가 가능한지 보여준다.

▣ 90일 매출 성장 액션플랜

∴ 1. 1~30일차 : 고객 가치 재정의

- 기존 고객 20명과 인터뷰, 실제 구매 이유 파악
- 제품·서비스의 핵심 가치를 재정의 (가격 vs 신속함 vs 맞춤성 등)
- 고객 세그먼트별 맞춤 메시지 개발

∴ 2. 31~60일차 : 채널 최적화

- 효과적인 채널에 자원 집중(80/20 법칙)
- 영업 스크립트·마케팅 메시지의 일관성 확보

- 리드 추적 및 전환율 향상 시스템 구축

∴ 3. 61~90일차 : 가속화
- 성공 사례(고객 후기 등)를 통한 영업력 강화
- 신규 고객 확보 + 기존 고객 확장 전략의 균형 잡기
- 매출 예측 정확도 향상을 위한 지표 관리

실행 효과 : 이 과정을 체계적으로 실행하면, 현재 매출에서 30% 이상의 성장을 3개월 내 충분히 달성할 수 있다.

2. 영업이익률 : 기업 건강성의 핵심 지표

매출은 흘러가 버릴 수 있지만, 영업이익률은 기업의 "진짜 체질" 을 보여준다.

∴ B제조기업 성공 사례
연 매출 50억 원을 내던 B기업은 영업이익률이 3%에 불과했다. 비용을 '가치 창출 기여도'별로 분류했더니, 전체 비용의 35%가 실제 고객 가치에 직접 기여하지 않았다.

이런 상황은 중소기업에서 흔히 발생한다. 사업이 성장하면서 점점 더 많은 '필요 없는 비용'이 쌓여가는 것이다. B기업은 이 불필요 비용을 줄이고 공정을 재설계한 결과, 90일 만에 영업이익률이 8%로 상승했다. 순이익으로 따지면 약 2억 5천만 원이 추가로 발생한 셈이다.

▣ 90일 영업이익률 개선 액션플랜

∴ 1. 1~30일차 : 비용 투명성 확보

- 모든 비용을 "A/B/C" 등급(가치 기여도)으로 구분
- C등급 비용 20% 즉시 감축
- 부서별 비용 책임제 도입

∴ 2. 31~60일차 : 가치 기반 원가 최적화

- 핵심 공정 린(Lean) 기법으로 낭비 제거
- 공급망·원재료 비용 절감
- 에너지·시설 운영비 효율화

∴ 3. 61~90일차 : 가격 전략 재설계

- 제품/서비스별 수익성 재분석
- 고객 가치에 기반한 가격 차별화
- 고수익 영역에 자원 재배분

실행 효과 : 철저하게 실행하면, 영업이익률을 3~5%p 올리는 것이 가능하다. 영업이익률이 오르면 현금이 늘어나고, 기업이 더욱 안정적 성장을 꾀할 수 있게 된다.

3. 재구매율 : 지속 가능한 성장의 토대

단 한 번 구매로 끝나지 않고, 고객이 다시 돌아오는 비율이야말로 기업이 존속·확대될 수 있는 제1 요소다.

▣ C온라인 서비스 기업 성공 사례

1인당 고객 획득 비용(CAC)이 10만 원이나 들지만, 재구매율이 15%밖에 안 되던 C기업은 '고객 성공 팀'을 새로 만들었다. 이 팀은 구매 후 30일 동안 고객 여정을 꼼꼼히 설계·관리했다. 그 결과, 90일 후 재구매율이 38%로 뛰어올랐고, 별도의 마케팅비 증액 없이 매출이 2배 이상 뛰어올랐다.

이 사례의 핵심은 '돈을 더 쓰지 않고도' 기존 고객을 통해 추가 수익을 창출했다는 점이다. 신규 고객 유치에 집중하는 대신, 이미 관계가 형성된 고객과의 연결을 강화하는 데 주력한 것이다.

▣ 90일 재구매율 향상 액션플랜

∴ 1. 1~30일차 : 고객 경험 지도 작성

- 구매 후 고객이 거치는 단계별 문제점 파악
- 주요 접점별 만족도 측정
- 피드백을 실시간 수집할 수 있는 채널 확보

∴ 2. 31~60일차 : 관계 구축 프로그램

- 구매 후 30/60/90일 차에 맞춘 커뮤니케이션 설계
- 고객 성공 사례(후기· testimonial) 축적·공유
- 충성 고객 보상 프로그램 도입

∴ 3. 61~90일차 : 커뮤니티 형성

- 고객 간 교류의 장(오프라인 행사, 온라인 커뮤니티 등) 마련
- 고객 참여형 제품/서비스 개선 프로세스 도입
- 고객 옹호자(Customer Advocate) 양성

실행 효과 : 재구매율이 15%에서 25%p 이상 오를 수 있다. 재구매율 1% 상승은 곧 마케팅 비용 절감, 매출 안정화로 직결된다.

▣ 세 가지 지표의 통합 관리 : 강력한 선순환 구조

이 세 지표(매출 성장률, 영업이익률, 재구매율)는 서로 밀접하게 연관되어 있다.

- 매출 성장 → 영업이익률이 높아질 기반
- 이익률 개선 → 재투자 자금 확보, 고객 서비스 강화
- 재구매율 상승 → 마케팅 비용 절감 & 장기 매출 상승
- 다시 매출 증가, 이익률 개선, 재구매율 상승의 선순환….

결국 하나의 지표만 봐서는 한계가 있고, 세 지표를 동시에 관리하면 짧은 90일 안에도 폭발적 성과를 이룰 수 있다.

▣ 지금 바로 시작하라 : 90일 변화의 첫걸음

**"성공은 복잡한 전략이 아닌,
단순한 원칙의 철저한 실행에서 비롯된다."**

– 어느 현장 컨설턴트의 조언

▣ 실행 체크리스트

1. 세 가지 핵심 지표(매출·이익·재구매율, 혹은 업종 특화 지표)의 현재 수준을 측정했는가?
2. 90일 후 도달할 구체적 목표치를 설정했는가?
3. 액션플랜을 실천할 핵심 팀(또는 전담 조직)을 구성했는가?
4. 첫 1주간 가장 집중할 3가지 액션 아이템을 선정했는가?
5. 90일 일정을 팀 내 공유하고, 시각화(차트·캘린더 등)했는가?

짧은 기간이라도 전사가 "무엇을 개선해야 하는지" 명확히 알고, 각 부서가 지표 관점으로 협력하면 놀라운 변화가 가능하다.

복잡한 경영 환경 속에서도, 단 세 가지 지표에 집중하면 90일 안에 기업의 성과를 확 끌어올릴 수 있다. 이것이 바로 컨설팅 경영의 핵심이다. 지금 바로 당신의 회사에 맞는 세 가지 지표를 선정하고, 90일의 여정을 시작해 보자.

주간·월간 점검으로 누적성과 가속, 작은 성공을 모아 폭발로

6

▣ 불가능을 가능으로 : 베테랑 CEO들의 성과 창출 비밀

"3개월 만에 매출 50% 상승, 6개월 만에 영업이익률 2배"

이런 말만 들으면 "말이 되나?"부터 생각하기 쉽다. 경영의 세계에서 우리는 종종 점진적 개선과 장기적 성장이라는 관념에 익숙해져 있다. 그러나 실제 비즈니스 현장에서는 이러한 통념을 깨는 사례들이 존재한다. 실제로 이러한 '불가능해 보이는 수치'를 반복 창출하는 베테랑 CEO들이 시장 곳곳에 존재한다.

주목할 점은 이들이 새로운 기술이나 막대한 자금에 의존하지 않는다는 것이다. 오히려 이들은 체계적 실행과 꾸준한 점검을 무기로 압도적 성과를 만든다. 이는 '성공'이라는 개념이 우리가 생각하는 것보다 훨씬 더 미묘한 행동 패턴과 내재된 태도에서 비롯된다는 사실을 보여준다.

비즈니스 성과 매트릭스 개요

▣ CEO 인사이트

"취임 첫날, 임원들에게 '우리 회사의 성공을 측정하는 지
표는 무엇인가?'라고 물었더니, 모두 '매출'과 '시장점유율'
을 말했습니다. 그때 칠판에 5개의 지표를 적었어요. '영업
이익률', '현금흐름', '고객 유지율', '직원 생산성', '재고 회
전율'. 그리고 '오늘부터 이 5개 지표를 동시에 관리할 겁니
다.'라고 선언했죠."

— Y전자 전 CEO K회장

이처럼 매출 중심에서 벗어나, 주간·월간 단위로 다양한 지표를 관찰하고 보완해 나갈 때, 조직 전체가 "지표 달성"이라는 공통 목적에 맞춰 움직이게 된다. 이것이 베테랑 CEO들의 첫 번째 성공 포인트이다.

실제로 많은 기업들이 매출이라는 단일 지표에만 집중하면서 더 깊은 차원의 기업 건강성을 간과한다. 그러나 경영은 한 가지 렌즈로만 바라볼 수 없는 복합적인 활동이다. 마치 자동차를 운전할 때 속도계만 보는 것이 아니라 연료계, 엔진 상태, 내비게이션을 함께 확인하듯, 기업 경영도 다차원적 관점이 필요하다.

7가지 성과 가속 비결 : 작은 변화가 만드는 큰 차이

∴ 1. 균형 잡힌 지표 설정 : 매출 너머의 진짜 성과

베테랑 CEO들은 단순히 "매출만 늘리면 된다"라고 생각하지 않는다. 이들은 여러 복합 지표를 통합 관리하며, 매출과 수익성, 현금흐름, 고객 만족도, 조직 생산성 등을 함께 본다.

이러한 접근은 마치 한쪽 눈만으로 세상을 보지 않고, 양쪽 눈—심지어 전체 시야—로 보아야 올바른 의사결정을 내릴 수 있다는 직관적 이해와 맞닿아 있다. 단일 지표는 종종 착시 현상을 일으키지만, 다양한 지표들은 기업의 실제 건강 상태를 더 정확히 반영한다.

∴ 주요 복합 지표 예시

- 영업이익 기여도 : 각 제품/서비스가 실제로 영업이익에

얼마나 기여하는지

- CAC 대비 LTV(Life Time Value) : 마케팅 효율성을 보여주는 핵심 지표
- 현금 전환 사이클 : 현금이 회사에 묶여 있는 기간
- 직원당 부가가치 : 인력 생산성을 측정하는 지표
- 재고 회전율 : 자본 효율적 활용도를 나타냄

∴ 성공 사례 : L패션

여성복 브랜드 L패션은 시장 침체기에 '고객 생애 가치(LTV)'를 최우선 지표로 관리하기 시작했다. 단순히 '신규 고객 늘리기'보다 재구매율과 객단가에 집중한 결과, 3개월 만에 매출 45% 증가, 영업이익 78% 상승이라는 놀라운 성과를 달성했다.

이는 단순한 숫자의 변화를 넘어, 기업 전체가 '고객 중심' 사고로 전환했음을 의미한다. L패션의 사례는 지표의 선택이 단순한 측정 도구가 아니라, 기업 문화와 행동 방식을 형성하는 핵심 요소임을 보여준다.

∴ 2. 데이터 기반 의사결정 : 숫자로 말하기

베테랑 CEO들은 직관이나 경험만을 맹신하지 않는다. 숫자 없는 회의가 없을 정도로, 객관적 데이터를 기반으로 판단·실행한다.

중요한 것은 단순히 수치를 나열하는 게 아니라, 그 속에서 의미 있는 패턴을 찾고 행동으로 이어가는 능력이다. 데이터는 그저 숫자가 아닌, 생생한 '이야기'를 들려주는 도구가 된다.

∴ 실행 포인트

- "숫자 없는 회의 금지" : 감으로 결정하지 않는다
- 모든 제안은 객관적 데이터로 뒷받침
- 실시간 데이터 모니터링 시스템 구축
- 지표의 '절대값'보다 '추세'와 '변화율'에 집중

∴ 성공 사례 : H소프트웨어

일본에서 시작한 H소프트웨어는 한국 시장 진출 이후 '일간 성과 대시보드'를 도입했다. 매일 아침 9시, 전날 핵심 지표가 임원진 메일함으로 자동 전송되며, 특히 예상치 대비 편차가 5% 이상이면 즉시 원인 분석과 대응책을 마련했다. 그 결과, 주별·월별 의사결정이 훨씬 빠르고 정확해졌다.

중소기업의 경우 복잡한 분석 시스템 없이도, 간단한 스프레드시트 대시보드만으로도 이러한 효과를 얻을 수 있다. 중요한 것은 데이터를 수집하는 행위 자체가 아니라, 그 데이터를 바탕으로 한 실제 행동 변화다.

∴ 3. 소규모 실험과 빠른 확장 : 작게 시작하여 빠르게 키우기

베테랑 CEO들은 어떤 아이디어나 프로젝트가 생기면, 모든 자원을 한 번에 쏟지 않는다. 작게 실험해보고, 유의미한 결과가 검증되면 빠르게 확장하는 방식을 택한다.

이렇게 하면 실패 비용은 작게 줄이고, 성공 가능성을 최대화할 수 있다. 이는 특히 불확실성이 큰 현대 비즈니스 환경에서 생존과 성장

을 위한 필수 전략이다.

∴ 3-30-300 법칙

- 첫 단계 : 3천만 원(또는 소규모 예산) 투입, 미니 실험
- 검증 후 : 3억 원으로 확대
- 최종 검증 후 : 30억 원까지 확장

이 접근법은 스타트업뿐 아니라 중견·대기업에서도 통용된다. "일단 소규모로 시도해 보자"라는 애자일(Agile) 문화와 맥락이 닿아 있으며, 크게 실패할 위험을 최소화하면서도 혁신의 기회를 놓치지 않는 균형점을 제공한다.

∴ 4. 즉각적 피드백과 신속한 조정 : 48시간 내 대응 원칙

베테랑 CEO들은 문제나 기회가 발견되면 48시간 내에 대응 조치한다. 작은 문제가 제때 해결되지 않으면, 곧 큰 위기로 번질 수 있다는 사실을 잘 알고 있다.

주간 회의에서 논의된 사안을 다음 주까지 미루지 않고, 48시간 내 해결책을 실행하는 것이 포인트다. 이러한 신속함은 기업이 시장 변화에 빠르게 적응하고, 기회를 놓치지 않는 민첩성을 갖추게 한다.

∴ 성공 사례 : D리테일

전자제품 유통업체 D리테일은 여름 시즌 마케팅 캠페인에 평소의 3배 예산을 투입했다. 그러나 첫 주 데이터를 분석해보니 노출·트래픽은 폭발했지만 전환율이 오히려 떨어졌다. 기존 마케팅 이론대로

라면 "일정 기간 지켜보자"라는 판단이 나올 수 있었지만, D리테일은 48시간 내에 광고 전략을 변경했다. 인지도 광고를 줄이고, 전환율이 높은 리타겟팅 광고를 늘린 결과, 캠페인 2주차부터 ROI 180%라는 놀라운 성과를 기록했다.

이는 단순한 캠페인 수정이 아닌, 조직 문화의 핵심이다. 문제가 발견되면 즉시 행동하는 문화가 조직 전체에 내재화될 때, 진정한 민첩성이 확보된다.

∴ 5. 자원 집중과 우선순위 명확화 : 20%에 올인

베테랑 CEO들은 모든 걸 조금씩 개선하려 하지 않는다. 조직이 한정된 자원을 가장 임팩트가 큰 20% 영역에 쏟아붓도록 우선순위를 명확히 정한다.

예컨대 전체 매출 80%를 차지하는 상위 20% 제품군만 집중 육성하고, 나머지는 과감히 정리하거나 외주를 맡긴다. 이는 역설적으로 "적게 함으로써 더 많이 이룬다"는 원칙을 보여준다.

∴ 실행 방안

- 제품군 중 상위 20%에 조직 역량 집중
- 부서별로 "이번 주 핵심 3가지"만 공개·공유
- 잔여 업무는 최대한 자동화하거나 외주

이러한 접근법은 조직의 에너지가 분산되지 않고, 핵심 영역에 집중되어 성과를 극대화할 수 있게 한다. 특히 자원이 제한된 중소기업에서는 이러한 집중 전략이 생존과 성장의 열쇠가 된다.

∴ 6. 낭비 제거와 생산성 극대화 : 더 적은 비용으로 더 많은 성과

베테랑 CEO들은 자금이 부족해서가 아니라, 기존 자원을 더 효율적으로 쓰기 위해 노력한다. 이들은 "더 많은 비용"이 아니라 "더 높은 효율"을 지향한다.

이 관점에서 보면, 기업의 성장 한계는 종종 자원의 양이 아닌, 자원을 활용하는 방식에서 비롯된다. 이는 특히 제한된 자원을 가진 중소기업에게 큰 희망을 주는 메시지다.

∴ 핵심 접근법

- '제로 베이스 사고': 모든 비용 항목을 처음부터 재검토
- 각 지출이 실제 가치 창출에 기여하는 정도 분석
- 새로운 자원 요청 전, 기존 자원 최적화를 우선

이를 통해 조직은 불필요 비용을 지속적으로 걷어내고, 이익률을 빠르게 개선할 수 있다. 특히 기존 관행과 관습으로 인해 눈에 띄지 않던 비효율까지 발견하고 개선할 수 있다.

∴ 7. 팀의 집중력과 에너지 관리 : 90일의 스프린트

베테랑 CEO들은 종종 "90일"을 한 사이클로 삼는다. 너무 길면 집중력이 흐려지고, 너무 짧으면 의미 있는 성과를 못 낸다. 3개월은 "단기"와 "유의미한 결과" 사이의 적절한 균형점이다.

이 접근법은 인간 심리의 깊은 이해에 기반한다. 우리는 너무 먼 목표에는 동기부여를 느끼기 어렵고, 너무 짧은 목표는 충분한 변화를 만들어내지 못한다. 90일은 이 두 요소 사이의 최적점이다.

∴ 30-30-30 모델

- 첫 30일 : 방향 설정 + 준비
- 중간 30일 : 집중 실행(회의·보고 최소화, 실행에 몰입)
- 마지막 30일 : 최종 스퍼트 & 다음 단계 준비

이렇게 하면 팀이 지치지 않고, 한 번의 단기 성공을 맛본 뒤 다음 스프린트로 자연스럽게 이어갈 수 있다. 마라톤이 아닌, 일련의 연속된 단거리 경주로 경영을 바라보는 관점이다.

∴ 지금 바로 실행할 수 있는 액션 플랜

이 7가지 비결은 특별한 천재성이나 거대 자원이 필요한 것이 아니다. 누구나 오늘부터 시도할 수 있는, 실행 우선의 접근이다.

∴ 바로 적용 가능한 실행 방안

- 균형 잡힌 지표 설정
  - 오늘부터 매출 외에 최소 3~4개의 지표(이익, 고객 유지, 현금흐름 등)도 함께 모니터링
  - 모든 주요 회의에서 이 지표들을 확인·점검하기
- 데이터 기반 의사결정 문화 만들기
- "이건 느낌상 괜찮은 듯" 대신, "데이터에 따르면 ○% 효과가 있다" 식 대화 유도
- 간단한 일일/주간 대시보드 생성

∴ 1. 소규모 실험 + 빠른 확장 프로세스 도입

- 새로운 아이디어는 항상 작은 규모로 먼저 테스트
- 2주 안에 ROI를 파악 → 성공적이면 확장, 아니면 중단

∴ 2. 즉각적 피드백 & 신속한 조정 시스템 구축
- '48시간 룰' 도입 → 문제나 기회 발견 시 2일 내 대응
- 주간 리뷰에서 계획 대비 성과 차이 파악, 즉시 조정

기억해야 할 것은 이러한 접근법이 단순한 테크닉이 아니라는 점이다. 이는 경영에 대한 근본적인 사고방식의 전환을 요구한다. 감각이나 직관에만 의존하는 방식에서 벗어나, 데이터와 체계적 프로세스를 기반으로 한 경영으로의 전환이다.

▣ 핵심 인사이트

베테랑 CEO들의 초단기 실적 상승 노하우는 특별한 재능이나 막대한 자원이 아닌, 체계적 접근과 철저한 실행에서 나온다.

이 모든 비결은 오늘부터 당신의 기업에도 충분히 적용 가능하다. 작은 변화가 누적되면, 어느 순간 폭발적 결과가 나타난다. 그것이 베테랑 CEO들이 알고 있는 성장의 비밀이다.

일상의 작은 실천들, 그것이 바로 폭발적 성과의 씨앗이다. 하루하루의 점검과 조정이 쌓여 갑작스러운 성장의 순간을 만들어낸다. 이제 당신의 기업에서도 이 여정을 시작해보자.

CHAPTER2. 핵심요약
《화려한 계획보다 단순한 실행이 폭발적 결과를 만든다
: 킹핀 3가지》

▣ 킹핀1. 90일 단기 피드백 루프가 매출 폭증의 첫걸음

세상은 기다려주지 않는다. 과거 우리는 3년, 5년 계획을 세우고 느긋하게 미래를 바라보았지만, 오늘날의 시장은 그런 여유를 허락하지 않는다. 빠르게 진화하는 기술, 변덕스러운 소비자 선호도, 그리고 예측 불가능한 글로벌 환경 속에서 '시간'은 더 이상 우리 편이 아니다.

3개월은 단순한 시간적 프레임이 아니라, 기업의 생존과 도약을 가르는 결정적 전환점이다. 이 기간 동안 명확한 성과를 만들어내지 못한다면, 그것은 실행력의 문제가 아닌 전략 자체의 근본적 결함을 의미한다. 하루하루가 새로운 도전이 되는 시장에서 90일의 침묵은 이미 실패를 암시하는 긴 정적이다. 가장 현명한 기업들은 3개월의 실행 주기를 통해 자신들의 전략을 끊임없이 검증하고 조정한다. 그들은 "더 지켜보자"라는 안일한 태도 대신, "지금 아니면 절대 안 된다"는 절박함으로 움직인다. 결국 90일의 시간은 단순한 일정이 아닌, 당신의 비즈니스 감각과 전략적 통찰력을 시험하는 냉정한 심판관이다.

▣ 킹핀2. KPI를 잘못 설정하면 비용만 늘고 성과는 미미

비전과 전략만으로는 충분하지 않다. 그것들은 구체적인 행동으로 변환될 때만 가치를 지닌다. 90일 액션플랜은 단순한 일정표가 아니라, 추상적 개념을 측정 가능한 결과물로 바꾸는 변환 장치다. 이 계획은 구체적이고, 측정 가능하며, 달성 가능하고, 관련성 있으며, 시간 제한적이어야 한다. 각 주간 목표는 너무 작아서 무시할 수 없고, 너무 커서 압도되지 않는 규모여야 한다. 매일의 작은 진전들이 모여 90일 후의 극적인 변화를 만들어낸다.

가장 효과적인 90일 액션플랜은 세 가지 핵심 지표 - 매출 성장률, 영업이익률, 재구매율 - 를 중심으로 구성된다. 이 지표들은 단순히 숫자가 아니라, 기업의 건강과 잠재력을 드러내는 창문이다. 그리고 각 지표마다 주간 단위로 쪼개진 세부 행동들이 연결되어, 누구나 "오늘은 무엇을 해야 하는가?"라는 질문에 명확히 답할 수 있어야 한다. 결국 90일 액션플랜은 막연한 희망을 구체적인 성과로 바꾸는 변환 장치다. 이것이 없다면, 어떤 뛰어난 전략도 실행의 늪에서 헤어나오지 못할 것이다.

▣ 킹핀3. 주간·월간 점검을 통해 누적 성과를 가속화하라

단기 성과와 장기 성장은 서로 배타적이지 않다. 오히려 그 반대다. 3개월이라는 집중된 기간의 폭발적 성과는 조직 전체에 동력을 불어넣고, 장기적 변화의 촉매제가 된다. 처음 90일 동안의 성공 경험은 조직에 '우리도 할 수 있다'는 신념을 심어준다. 이는 단순한 자신감을 넘어, 생물학적 현상에 가깝다. 성공은 도파민을 분비시키고, 이것이 더 큰 도전으로 나아가는 용기를 만든다. 팀이 90일 만에 매출을 50% 끌어올리는 경험을 했다면, 그다음 목표는 더 이상 두렵지 않다.

더욱 중요한 것은, 단기 폭발 성장이 조직 내 '변화의 문화'를 정착시킨다는 점이다. 전통적인 관행과 사고방식에서 벗어나 새로운 방식을 실험하고, 성공과 실패에서 빠르게 학습하는 능력이 체화된다. 이러한 문화적 변화는 단순한 숫자상의 성장보다 훨씬 더 가치 있는 자산이다. 성공적인 기업들은 90일의 단기 폭발을 지속 가능한 성장의 출발점으로 삼는다. 그들에게 3개월의 집중은 단발성 이벤트가 아니라, 기업의 DNA를 근본적으로 재구성하는 전환점이다.

이 세 가지 킹핀은 단순한 경영 구호가 아니다. 이는 시장의 현실과 인간 심리의 깊은 이해를 반영한 실천적 지혜다. 당신이 진정으로 "3개월 만에 매출 50%↑, 6개월 만에 영업이익률 2배"라는 대담한 목표를 달성하고자 한다면, 이 세 가지 원칙을 단순히 이해하는 데 그치지 말고, 당신의 일상적 결정과 행동에 녹여내야 한다. 그것이 오늘날의 격변하는 시장에서 살아남고 번영하는 유일한 길이다. ESG 경영을 무시한 기업은 투자자와 소비자의 외면을 받고 있다.

Chapter.3

매출 2배 영업전략
: 30일 만에 수익
폭증시키는 비밀

30일 만에 영업을 두 배로 성장시키는 역설은 '조금만 더' 집중할 때 현실이 된다. CS 비용을 절반으로 줄이면서 고객 충성도를 세 배 높이는 접근부터, LTV 마케팅을 통한 폭발적 판매 비밀까지 모두 담았다.

역설의 법칙 : CS비용 반으로 줄이고
고객 충성도는 3배 높이기

1

▣ 역설적 발견 : 적은 비용으로 더 큰 만족을?

"CS 담당 인력을 30% 줄였는데, 오히려 재구매율이 늘었다고 하면 믿으시겠습니까?"

화장품 제조업체 P사의 CEO는 이 말을 처음 접했을 때, "말이 안 돼"라며 고개를 갸웃했다. 우리의 직관은 '더 많은 서비스 = 더 높은 비용'이라고 말한다. 그러나 비즈니스의 세계에서 직관이 항상 정답인 것은 아니다. 불과 6개월 후, FAQ 자동화와 사용자 커뮤니티 활성화를 통해 CS 비용을 47% 절감했고, 고객 만족도 지수는 28%나 상승했다.

이 이야기는 단순한 성공 사례가 아니다. 이는 경영의 본질에 대한 깊은 성찰을 요구한다. 우리가 '당연하다'고 여기는 관념들이 얼마나 자주 우리의 사고를 제한하고 있는지 보여주는 교훈이다.

고객 서비스 전략

▣ "문제 해결"에서 "문제 예방"으로

이러한 역설적 결과의 핵심은, P사가 CS를 "고객 불만 처리부서"가 아닌 "불만을 줄이는 사전 예방 시스템"으로 재정의했다는 점이다. "더 적은 사람으로 더 많은 만족"을 만들어내는 비밀은, 반복되는 질문과 단순 문의가 어떻게 생겨나는지를 먼저 파악하고, 그것을 원천 차단(Prevention)하는 데 있었다.

이는 의료계의 패러다임 전환과 유사하다. 질병 치료에만 집중하던 의학이 예방 의학으로 옮겨가면서 더 적은 비용으로 더 건강한 인구를 만들어낸 것처럼, 기업의 CS도 '치료'에서 '예방'으로 전환될 때 진정한 혁신이 가능해진다.

1. CS 비용 절감의 구조적 접근

∴ CS를 비용 센터가 아닌 "가치 창출 기회"로 재정의

많은 기업이 CS를 "어쩔 수 없이 지출해야 하는 비용" 정도로 여긴다. 이러한 관점은 CS를 기업 활동의 '부차적' 영역으로 격하시킨다. 그러나 '문제 예방' 관점에서 보면, CS는 인건비를 줄이고도 고객 만족도를 동시에 올릴 수 있는 전략적 기회가 된다.

중소기업의 경우 특히 CS 부서는 '필요악'으로 간주되기 쉽다. 그러나 CS를 전략적 자산으로 접근할 때, 오히려 제한된 자원으로 더 큰 가치를 창출할 수 있다.

∴ 유통업체 K사의 성과

- FAQ 최적화 후 CS 인건비 43% 절감
- 고객 문의 응대 시간 76% 단축

K사는 매출 200억의 중견 유통기업으로, 50명의 CS 인력이 상시 운영되고 있었다. 그들은 CS 비용을 줄이기 위해 먼저 모든 고객 문의를 분석했다. 놀랍게도 그들은 고객들이 가장 빈번히 묻는 질문(Top 20%)만 제대로 해결해줘도 전체 문의의 80%가 사전에 사라진다는 사실을 데이터로 확인했다.

이는 단순한 수치적 발견이 아니라, 경영의 본질에 대한 깊은 통찰이다. 많은 기업들이 '모든 것'을 완벽하게 하려다 정작 '핵심'에 집중하지 못하는 함정에 빠진다. K사의 사례는 집중의 힘을 명확히 보여준다.

▣ 사전 예방 시스템의 구축

∴ 반복되는 문의의 패턴 분석

대다수 기업에서 전체 문의의 80%는 동일한 20% 질문에 집중된다. 이 파레토 법칙(80/20)은 CS 비용 절감의 첫 번째 열쇠가 된다.

- FAQ 및 지식베이스 최적화 : 가장 빈번한 질문을 데이터 기반으로 찾고, 알기 쉽게 답변 정리
- 챗봇 시스템 : 24시간 즉시 응대 가능, 단순 문의의 80%를 자동 처리
- 고객 커뮤니티 활성화 : 고객 간 정보 공유와 상호지원으로 CS 부담 분산

이러한 접근법은 단순히 비용을 줄이는 것을 넘어, 고객 경험의 질 자체를 향상시킨다. 고객은 24시간 즉시 응답받을 수 있고, 자신과 유사한 경험을 가진 다른 고객들의 인사이트까지 얻을 수 있게 된다.

∴ 사례 연구 : 유통업체 A사

- 이메일 자동응답 & 챗봇 도입 → CS 인력 30% 감축
- 고객 응답 속도 50% 향상
- 문의량 자체가 22% 감소(불필요 문의 줄어듦)

핵심 포인트 : 고객들이 스스로 문제를 해결할 수 있도록 만들

어주면, CS 인력은 복잡하고 가치 있는 상담에 집중할 수 있게 된다.

여기서 중요한 통찰은, 고객들이 실제로는 '사람과 통화하는 것' 자체를 원하는 것이 아니라는 점이다. 그들이 진정으로 원하는 것은 '문제의 신속한 해결'이다. 이 미묘한 차이를 이해할 때, 우리는 고객 만족과 비용 효율성을 동시에 달성할 수 있다.

▣ CS 데이터의 자산화

대다수 기업이 간과하지만, CS팀이 매일 축적하는 데이터는 '불만 처리 로그'가 아니다. 이는 제품·서비스 개선을 위한 금광 같은 자원이다.

- CS 데이터로 제품/서비스 약점 파악
- 빈번한 불만 사항 Top 3를 우선 개선
- CS팀 ↔ 제품개발팀 간 피드백 루프 구축

중요 포인트 : CS팀을 '문제 해결사'에서 '시장 인사이트 제공자'로 격상하라. 반복 문의는 기업이 무엇을 고쳐야 하는지를 알려주는 정확한 시그널이다.

이런 관점의 전환은 단순한 조직 구조 변화가 아니라, 기업 문화 자체의 변화를 요구한다. CS 데이터를 '불편한 진실'이 아닌 '성장의 기회'로 바라보는 조직만이 이 잠재력을 온전히 활용할 수 있다.

2. 기존 고객 LTV 극대화 : 비용 효율적 성장의 핵심

신규 고객 유치는 보통 광고비, 마케팅 비용이 많이 든다. 하지만 같은 금액의 1/5만 들여도, 기존 고객의 LTV를 올려 매출을 훨씬 더 쉽게 증대할 수 있다.

이 원리는 기업 규모와 상관없이 적용된다. 오히려 광고 예산이 제한적인 중소기업에게 더욱 중요한 전략적 통찰이다.

▣ 화장품 S사의 성공 담화

고객 세분화 커뮤니케이션을 도입 후, 전체 재구매율 27% 상승. 이탈 고객은 4배 줄었다. 이는 '유입'보다 '충성도'에 집중한 결과였다.

S사는 매출 100억 규모의 중견 화장품 기업으로, 신생 브랜드들의 공격적 마케팅에 맞서 고전하고 있었다. 신규 고객 유치에 더 많은 예산을 쏟아부어야 한다는 내부 압박이 있었지만, 그들은 대신 '고객의 깊이'에 집중하기로 결정했다.

이 결정은 단순한 전술적 선택이 아니라, 근본적인 경영 철학의 반영이었다. S사는 '더 많은' 고객이 아닌 '더 깊은' 고객 관계가 장기적 성장의 토대임을 깨달았다.

▣ 고객 세분화와 맞춤형 가치 제안

모든 고객에게 똑같은 대우를 하면, 각기 다른 니즈를 지닌 고객을 놓치는 꼴이다. RFM 분석(Recency, Frequency, Monetary Value)

등을 통해 고객을 세분화하고, 각 그룹별 맞춤형 전략을 세워야 한다.

- 신규 고객 : 사용 가이드 + 초기 성공 경험 제공 (안착 유도)
- 성장 잠재 고객 : 사용 확대 교육, 활용 사례 공유
- 이탈 위험 고객 : 조기 개입(문의·불만), 특별 혜택 제공
- VIP 고객 : 특별 인정, 프리미엄 서비스, 커뮤니티 리더 등

이런 세분화는 단순한 마케팅 기법이 아니라, 각 고객을 '개인' 으로 대하려는 진정성 있는 접근이다. 감성적 유대감을 만드는 커뮤니티·스토리텔링은 단순 거래를 넘어 브랜드 충성을 크게 높인다.

▣ 업셀(Up-sell)과 크로스셀(Cross-sell)의 정교화

'더 팔기'가 목표가 아니라, 고객 가치 향상 관점에서 접근해야 한다.

- 고객의 사용 패턴 + 라이프사이클 기반 추천
- '함께 구매한 제품' 형식의 자연스러운 제안
- 구매 후 정확한 타이밍에 보완 제품 소개

이 부분에서 많은 기업들이 실수를 범한다. 그들은 업셀과 크로스셀을 단순히 '더 많이 판매하는' 기회로만 본다. 그러나 진정한 성공은 고객의 필요와 상황에 맞는 정교한 제안에서 비롯된다.

▣ 실행 팁

∴ **예)** 구매 후 30일 시점에, 제품 활용도를 높이는 액세서리나 보완 서비스를 제안. 한 B2B 소프트웨어 회사는 이 방식으로 이메일 오픈율 47% 상승, 전환율 2.8배 껑충 뛰었다.

이 성공은 단순히 '좋은 제품'이나 '그럴듯한 마케팅 문구'에서 비롯된 것이 아니다. 고객의 여정(customer journey)을 세밀하게 이해하고, 각 단계에 맞는 정확한 개입 시점을 발견한 결과였다.

3. 통합적 접근 : CS 비용 절감과 LTV 상승의 시너지

개별 전략도 효과적이지만, 이것들을 유기적으로 결합할 때 폭발적 시너지가 생긴다.

많은 기업들이 각 부서를 별개의 단위로 운영하면서, 고객 경험의 일관성과 통합성을 놓친다. 이는 단순한 조직 구조의 문제가 아니라, 기업이 고객을 바라보는 관점 자체의 문제다.

📧 데이터와 인사이트 공유

조직 내 사일로(Silo)를 없애고, 동일한 고객 데이터베이스를 CS·마케팅·제품개발팀이 공유하면, 일관된 고객 경험을 설계할 수 있다.

- CS팀의 인사이트 → 제품개발에 즉시 반영
- 마케팅팀은 실제 고객 피드백 기반 메시지 제작
- 고객 시그널 기반 선제적 개선 → 불만이 발생하기 전에 해결

이런 통합적 접근은 단순한 기술적 솔루션이 아니다. 이는 조직 문화와 사고방식의 근본적 변화를 요구한다. '우리 부서'와 '그들 부서'가 아닌, '고객을 위한 하나의 조직'이라는 인식의 전환이 필요하다.

▣ 한 가전제품 기업의 성공 스토리

- 통합 접근으로 제품 반품률 23% 감소
- 고객 평생 가치 2.7배 증가

이 기업은 매출 600억 규모의 가전제품 제조업체로, 높은 반품률로 고전하고 있었다. 그들은 CS팀이 수집한 반품 사유 데이터를 제품개발팀에 실시간으로 공유하는 시스템을 구축했다. 또한 마케팅팀은 이 데이터를 바탕으로 제품 사용 가이드와 FAQ를 개선했다.

이 사례는 단순한 '부서 간 협업'이 아니라, 고객 중심으로 조직 전체가 재정렬된 깊은 변화를 보여준다.

▣ 실행을 위한 4단계 프로세스

1. 현황 진단 : CS 비용 구조, 현재 LTV 정확 파악
2. 우선순위 설정 : 가장 효과가 큰 접점(FAQ 자동화? 커뮤니티?)부터 개선
3. 시범 운영 + 검증 : 작은 규모(특정 제품군, 특정 고객 세그먼트)로 테스트
4. 전사 확산 : 조직 문화·인센티브 구조까지 조정

이 프로세스의 핵심은 '한 번에 모든 것을 바꾸려 하지 말라'는 것이다. 작은 시작으로 검증하고, 점진적으로 확장하는 접근법이 훨씬 더 현실적이고 효과적이다. 특히 중소기업처럼 자원이 제한된 환경에서는 이 단계적 접근이 필수적이다.

▣ Before & After : 혁신의 결과

∴ 변화 전

- 모든 문의를 CS 담당자가 반복 처리
- CS팀이 분리되어 고립 운영
- 제품 개선을 위한 피드백 루프 없음
- 고객별 차별화 없는 획일적 대응

∴ 변화 후

- FAQ/챗봇/커뮤니티로 반복 문의 80% 선제 차단
- CS 인력은 복잡·고가치 상담에만 집중
- 제품팀 ↔ CS팀 정기 협업으로 근본 원인 해결
- 고객 세그먼트별 맞춤형 가치 제안 및 케어

이러한 변화는 단순한 업무 프로세스의 개선이 아니라, 기업의 DNA 자체를 변화시키는 깊은 혁신을 의미한다. 고객과의 관계, 직원의 역할, 조직의 운영 방식 모두가 근본적으로 달라진다.

▣ 핵심 메시지

CS 비용을 50% 절감하면서도 고객 충성도(재구매, 추천 등)를 3배까지 높이는 건 단순한 꿈이 아니다. 이는 "어차피 CS는 비용

일 뿐"이라는 사고에서 벗어나, 고객 경험 자체를 업그레이드하는 패러다임 전환을 통해 실현된다.

기업 성장의 본질은 고객의 문제를 얼마나 효과적으로 해결하느냐에 있다. CS는 그 문제 해결의 최전선이자, 기업과 고객이 만나는 결정적 접점이다. 이 접점을 전략적으로 재구성할 때, 비용 절감과 만족도 상승이라는 역설적 결과가 가능해진다.

▣ 가장 중요한 전환:

- '문제 해결' 위주의 CS → '문제 예방' 중심의 CS
- CS 데이터를 인사이트 자산으로 활용 → 제품·서비스 개선에 즉시 반영

이 패러다임 변화는 단순한 비용 구조의 조정이 아닌, 고객과의 관계를 근본적으로 재정의하는 일이다. 이는 기업의 생존과 번영을 위한 필수적인 여정이다.

▣ 다음 장 미리보기

다음 장에서는 이 "CS 역설의 법칙"을 바탕으로, 고객 데이터를 활용한 신규 시장 발굴과 숨겨진 고객 니즈를 찾아내는 실전 기법을 살펴본다.

- CS팀의 데이터를 통해 어떤 추가 시장을 개척할 수 있을까?
- 잠재 고객이 원하고 있지만 아직 요청하지 않은 욕구는 어떻게 포착할까?

하나의 문의 응대가 단순히 문제 해결을 넘어, 비즈니스 확장의 씨앗이 될 수 있는 놀라운 사례들을 소개할 예정이다.

비용 1억 절감하며 매출 2배 늘린 실제 성공사례 분석

▣ 역설의 경영 : 덜 쓰고, 더 얻기

비용과 매출은 흔히 '제로섬 게임'처럼 오해된다. "더 많이 투자하면 더 많이 얻는다"라는 선형적 사고에 갇혀 있는 경영자들이 많다. 그러나 진정한 혁신은 이 상식을 뒤엎는 순간부터 시작된다.

경영의 세계에서 우리는 종종 직관적 사고의 함정에 빠진다. 매출을 높이기 위해 더 많은 비용을 투자해야 한다는 생각은 마치 물을 끓이기 위해 열을 계속 높여야 한다는 원리처럼 당연하게 여겨진다. 그러나 이러한 선형적 사고방식은 때로 우리의 창의성과 혁신적 접근을 제한한다.

비용 절감 수익 증가 주기

▣ 두 CEO의 극명한 대조

- F사 CEO 김준호 : "무조건 투자하면 매출이 늘어나겠지"라는 확신으로 3년간 비용 30%를 늘렸지만 매출은 제자리.
- S사(경쟁사): 비용을 13% 절감하면서도 매출을 94% 성장.
- 차이는 '운'이 아니라, 자원 배분의 근본 재설계에서 비롯된 결과.

이 두 기업의 사례는 단순한 비교가 아니다. 이는 경영 철학의 근본적 차이를 보여준다. 김준호 CEO는 비용 투입과 성과 사이에 직접적인 비례 관계가 있다고 믿었지만, S사는 자원 배분의 질적 측면을 이해했다. 그들은 '얼마나 많이 쓰느냐'가 아니라 '어디에, 어떻게 쓰느냐'가 성과를 결정한다는 통찰을 실천했다.

∴ 메시지

"더 줄여서, 더 늘린다"는 역설은 케이스 바이 케이스가 아니라, 체계적 방법으로 재현 가능하다.

1. 비용 구조의 심층 분석과 재설계

∴ 핵심 이점

비용을 "어디서 얼마나 줄일까?"만 고민하는 것이 아니라, 각 비용이 어떤 가치 창출에 기여하는지를 근본적으로 분석하고 재구성하면,

- 총비용의 20~30% 절감
- 동시에 핵심 영역 역량 강화를 동시에 꾀할 수 있다.

이는 단순한 '비용 절감'이 아닌 전략적 재구성의 과정이다. 모든 비용은 동등하게 만들어진 것이 아니라, 각기 다른 가치 창출에 기여한다. 이 차이를 이해하는 것이 혁신의 첫걸음이다.

▣ 식품제조 H사의 성과

- 마케팅 예산 37% 절감
- 매출 61% 증가
- 광고비를 무작정 깎은 게 아니라, "어떤 광고가 진짜 매출에 기여하는지"를 철저히 분석해 ROI가 높은 채널에만 집중 투자.

H사의 사례는 단순한 성공 스토리가 아니라, 관습적 사고를 벗어난 용기 있는 의사결정의 결과였다. 그들은 '더 많은 광고 채널에 노출'이라는 관성적 접근 대신, 데이터를 바탕으로 진정한

성과 동인을 찾아냈다.

▣ 가치 기여도에 따른 비용 분류

1. **가치 창출 비용** : 고객 가치를 직접 높이고, 매출 증대에 확실히 기여
2. **가치 유지 비용** : 기존 고객 관계·브랜드 가치를 지속하기 위해 필수
3. **구조적 낭비 비용** : 비효율적 프로세스나 시스템으로 인한 불필요 지출
4. **관성적 낭비 비용** : 과거 습관이나 "원래 그렇게 해왔으니까"로 이어지는 무심코 하는 지출

이 분류법은 단순한 범주화가 아니다. 이는 모든 비용을 그 본질적 목적과 성과 기여도에 따라 재평가하는 철학적 접근이다. 특히 '관성적 낭비'는 대부분의 조직에 잠재해 있는 보이지 않는 비효율의 원천이다.

▣ 사례 연구 : 식품제조 H사의 혁신

- 모든 유통 채널에 균등 배분하던 마케팅 예산을 ROI 분석
- 특정 3개 채널이 전체 매출 78%를 창출함을 발견
- 저성과 채널 예산을 과감히 삭감, 핵심 채널에 집중
- 총 마케팅 비용 37% 감소, 매출은 61% 급상승

H사의 발견은 예산 분석의 차원을 넘어 마케팅 철학 자체의 변화였다. 그들은 '모든 채널에 공평하게' 예산을 배분하는 것이

실제로는 불공평하다는 역설적 진실을 발견했다. 진정한 공정함은 성과에 비례한 자원 배분에 있었던 것이다.

◉ 비용 절감이 매출 상승으로 이어지는 인과 고리

1. 자원의 최적 재배분
   - 낭비 지출 줄여 확보한 자원을 고성과 영역에 집중
   - "산만한 햇빛을 볼록렌즈로 모아 종이를 태우는 원리"와 비슷
2. 운영 효율성 증대 → 고객 경험 향상
   - 복잡한 승인 절차 간소화 → 의사결정 속도 향상
   - 시장 변화 대응력 향상 → 궁극적으로 매출 증대
3. 조직 집중도 & 명확성 증가
   - 불필요 활동 정리 → 조직 에너지가 핵심 가치 창출에 쏠림
   - 단순 비용 절감 이상의 조직 시너지 확보

이 인과 관계는 표면적 현상을 넘어 조직 역학의 심층적 변화를 보여준다. 비용 절감의 진정한 가치는 단순한 재무제표 개선이 아니라, 조직의 집중력과 민첩성을 높이는 데 있다. 이는 마치 불필요한 짐을 내려놓은 등산가가 더 빠르고 높이 올라갈 수 있는 것과 같은 원리다.

2. 신규 고객 유치와 기존 고객 유지의 균형적 접근

∴ 핵심 이점

정밀한 타겟팅 + LTV 최적화를 병행하면,

- 마케팅 예산 40% 절감
- 신규 고객 확보 2배 이상 증가가 가능하다.

건강기능식품 A사의 사례

- 광고비 42% 줄임
- 신규 고객 2.3배 증가

A사의 사례는 경영의 본질에 대한 중요한 통찰을 제공한다. 그들은 '더 많은 고객에게 도달하기'와 '적합한 고객에게 도달하기' 사이의 근본적 차이를 이해했다. 이는 양적 접근에서 질적 접근으로의 패러다임 전환을 의미한다.

▣ 타겟팅 정밀도의 혁신적 향상

많은 기업이 '광범위 노출'을 목표로 마케팅 예산을 낭비한다. 반면, 진정한 혁신은 "누가 잠재 고객인가?"를 정확히 식별하고, 그들을 핵심 공략하는 정밀도에서 시작된다.

이는 단순한 마케팅 전술의 변화가 아니다. 고객을 바라보는 관점의 근본적 전환이다. '더 많은 고객'이라는 막연한 목표 대신, '정확한 고객'을 찾는 정밀한 접근은 자원의 효율성을 극대화한다.

▣ 실행 팁

- 인구통계학만으로 부족.
- 행동 패턴, 관심사, 구매 이력 등을 결합한 '행동 기반 세그

먼테이션' 도입.

- '더 많은 사람'이 아니라 '정확한 잠재 고객'을 찾아야 효율 극대화.

▣ 고객 생애 가치(LTV) 극대화 전략

기존 고객의 가치를 높이는 것이, 신규 유치보다 훨씬 비용 효율적이다.

1. 구매 여정의 마찰 제거

- 재구매 프로세스 간소화 → 구매 빈도 상승
- 온라인 리테일 B사 : 재구매 과정 5단계 → 2단계 축소로 재구매율 47%↑

2. 데이터 기반 개인화 추천

- 과거 구매 이력·행동 패턴 분석해 "다음에 뭘 필요로 할지" 예측
- 단순 '연관 상품' 제안 수준을 넘어, 실제 니즈에 맞춘 정교 접근

3. 사용 가치 극대화 지원

- 이미 구매한 제품/서비스의 활용도 높이기 → 만족 & 충성도↑
- 소프트웨어 C사 : '활용 최적화' 전담팀 → 갱신율 23%, 추가서비스 구매 58% 증가

LTV 전략은 단기적 판매를 넘어선 장기적 관계 구축의 철학이다. 이는 고객을 '거래의 대상'이 아닌 '관계의 파트너'로 바라

보는 근본적 전환을 요구한다. 특히 '사용 가치 극대화'는 자사 제품이 고객의 삶에 진정한 가치를 제공한다는 자신감의 표현이며, 이는 깊은 고객 신뢰로 이어진다.

3. 절감된 비용의 전략적 재투자

∴ 핵심 이점

절감된 비용을 '게임 체인저' 이니셔티브에 재투자하면, 혁신 속도와 시장 경쟁력을 3배 이상 높일 수 있다.

∴ 제조업체 D사의 사례

- 혁신 프로젝트 12개 → 3개로 집중
- 비용 61% 절감
- 신제품 출시 속도 2.7배 빨라짐

D사의 사례는 '적은 것이 더 많은 것'이라는 역설적 진리를 보여준다. 그들은 다양한 프로젝트를 진행하는 것이 혁신의 다양성을 보장한다는 일반적 믿음을 과감히 버렸다. 대신, 선택과 집중의 원칙을 철저히 적용함으로써 훨씬 더 큰 성과를 이끌어냈다.

▣ 혁신 투자의 '집중과 선택'

모든 혁신 프로젝트가 동일한 가치를 창출하지 않는다. 성공 기업은 '게임 체인저'가 될 소수 핵심 이니셔티브에 자원을 몰아

준다.

경고 : '여러 분야에 조금씩' 분산 투자는 실패 지름길. 과감히 우선순위를 정해 상위 2~3개 영역에 80% 자원 배분할 것.

이 원칙은 특히 중소기업에게 중요하다. 제한된 자원을 가진 조직일수록 '선택과 집중'의 원칙이 더욱 중요해진다. 모든 것을 조금씩 하려는 유혹을 이겨내고, 진정한 차별화를 가져올 핵심 영역에만 집중할 때 경쟁 우위가 생긴다.

▣ 고객 접점의 질적 향상

접점을 마구 늘리는 양적 확대보다, 결정적 순간의 '질'을 끌어올리는 것이 효과적이다.

▣ 금융 서비스 E사의 사례

- 3개 '결정적 순간'(상품 가입, 이탈 직전, 업셀 시점)에 자원 집중
- 마케팅 예산 29%↓, 전환율 83%↑

E사의 경험은 고객 접점의 양보다 질이 중요하다는 심오한 통찰을 보여준다. 그들은 고객 여정에서 정말로 중요한 순간들을 식별하고, 이 순간들에 자원을 집중함으로써 전체 경험의 품질을 획기적으로 높였다. 이는 '모든 접점에서 평균적으로 좋은 경험'보다 '결정적 순간에 탁월한 경험'을 제공하는 것이 훨씬 더 효과적임을 보여준다.

▣ 30일 내 변화 창출을 위한 실행 로드맵

빠른 성과를 위한 4단계 실행 프레임워크 :

∴ 1. 가치 기반 지출 분석 (1~5일)

- 모든 비용 항목을 4개 카테고리(가치 창출/유지/구조·관성 낭비)로 분류
- 즉시 감축 가능 비용 vs. 최적화 필요 영역 식별

∴ 2. 핵심 고객 경로 재설계 (6~15일)

- 고객 여정 분석으로 결정적 순간을 파악
- 불필요 단계·마찰점 제거, 효율성 강화 방안 도출

∴ 3. 자원 재배분 & 집중 실행 (16~25일)

- 낭비성 지출에서 절약된 자원을 핵심 가치 창출 영역에 재투자
- 2~3개 '게임 체인저' 이니셔티브에 집중

∴ 4. 성과 측정 & 신속 피드백 (26~30일)

- KPI를 일단위로 모니터링, 전략 미세 조정
- 초기엔 '완벽한 솔루션'보단 '빠른 학습·적응'에 초점

이 로드맵은 단순한 일정표가 아니다. 이는 조직 변화의 철학적 접근을 담고 있다. 특히 주목할 점은 '완벽한 솔루션'보다 '빠른 학습과 적응'에 초점을 맞추는 마지막 단계이다. 이는 불확실성이 높은 환경에서 경직된 완벽주의보다 유연한 적응력이 성공

의 열쇠임을 인정하는 현명한 접근이다.

▣ 실행 체크리스트

- 주간 단위 비용 분석 리포트 체계 구축
- 고객 여정 맵 작성 & 핵심 접점 식별
- 우선순위 기준 설정 & 자원 재배분 계획 수립
- 일일 성과 대시보드 구축 & 피드백 루프 확립

▣ Before & After : 실질적 변화

∴ 변화 전

- 모든 비용 항목을 균등하게 조정(일률적 10% 삭감 등)
- 광범위 타기팅으로 마케팅 예산 분산
- 여러 프로젝트 동시 진행으로 자원·집중력 분산
- 고객 접점 '수' 확대만 신경

∴ 변화 후

- 가치 기여도 기반 비용 재구조화 → 낭비 항목 대폭 줄임
- 정밀 타기팅으로 마케팅 효율성 200%↑
- 소수 '게임 체인저' 프로젝트에 자원 몰빵
- 핵심 결정적 순간에 고객 경험 업그레이드

이 대비는 단순한 방법론의 차이가 아닌, 경영 철학 자체의 근본적 전환을 보여준다. '더 많이, 더 넓게'라는 양적 접근에서 '더 깊게, 더 정확하게'라는 질적 접근으로의 이동은 경영의 본질에 대한 깊은 통찰을 반영한다.

▣ 결론 : 비용 1억 절감 + 매출 2배 증가, 가능한 현실

비용 절감과 매출 증대는 상충이 아니라, '더 적은 비용'으로 '더 많은 가치 창출'이란 역설적 도전을 받아들일 때 시작된다.

진정한 경영 혁신은 집중과 선택, 낭비 제거, 고객 결정적 순간 관리, 그리고 절감된 자원을 게임 체인저 프로젝트에 투입하는 방식으로 재무적·시장적 성과를 동시에 거두게 만든다.

이 역설의 이해와 실천은 단순한 경영 기술이 아닌, 자원과 가치에 대한 깊은 철학적 접근을 요구한다. 표면적으로는 모순된 두 목표가 실제로는 서로를 강화할 수 있다는 통찰은 기업 경영의 근본적 패러다임을 바꾼다.

계약율 30% 높이는
마법의 대화 스크립트

3

▣ 대화의 패러다임 전환 : 판매에서 가치 발견으로

"안녕하세요, 고객님. 혹시 지금 불편함이나 고민이 있으면 먼저 말씀해주실 수 있을까요?"

이 한 문장이 영업 대화 전체의 흐름을 바꾸는 출발점이 될 수 있다. 기존의 '영업사원→정보 제공, 고객→정보 수용'이라는 일방적 구도가 한순간에 깨진다. 고객이 먼저 발언권을 갖게 되면 심리적 방어막이 낮아지고, 대화는 '공동의 문제 해결' 혹은 '가치 탐색' 쪽으로 자연스럽게 흘러간다.

이러한 접근법의 근본에는 인간 심리에 대한 깊은 이해가 자리하고 있다. 우리는 누군가의 설명을 듣기보다, 자신의 이야기를 들어주는 사람에게 더 깊은 신뢰를 형성한다. 심리학자 칼 로저스의 '인간 중심 상담' 원리가 제시하듯, 사람들은 문제의 해결책을 스스로 발견할 때 더 강한 실행 의지와 만족감을 경험한다. 영업 대화에서 이 원리를 적용하면, 고객은 더 이상 '설득당하는 대상'이 아닌 '함께 가치를 발견하는 동반자'로 자리매김하게 된다.

▣ 사무용품 유통업체 L사의 사례

- 이 접근법을 도입 후 3개월 만에 신규 계약율 27% 상승
- 고객이 자신의 상황·고민을 먼저 이야기하게 함으로써, 영업 대화가 '설득'이 아닌 '해결책 모색'으로 바뀐 것이 주효했다.

L사의 변화는 단순한 대화 기법의 변화가 아니었다. 그들은 영업의 본질을 재정의했다. 전통적으로 영업은 '제품을 판매하는 행위'로 여겨져 왔으나, L사는 이를 '고객의 문제를 해결하는 과정'으로 전환했다. 이러한 패러다임 전환은 영업사원의 역할과 정체성에 근본적인 변화를 가져왔고, 이는 자연스럽게 고객과의 관계 방식과 대화의 구조를 변화시켰다.

LTV 중심의 영업 전략

1. 가격에서 가치로 : LTV 중심 사고의 전환

∴ 실질적 이점

단기 비용이 아닌 5년 총비용 관점에서 장기 절감액(15~20%)을 구체적으로 제시하면 계약율 30% 이상 상승. 의료기기 제조업체 K사는 이 방법으로 프리미엄 제품군 매출 83% 증가를 달성.

이 결과는 단순한 수치 이상의 의미를 지닌다. 이는 인간의 의사결정 프로세스에 대한 깊은 통찰력이 적용된 결과다. 행동 경제학에서 말하는 '현재 편향(present bias)'과 '시간 할인(temporal discounting)' 개념이 영업 현장에서 구체적으로 극복된 사례라고 볼 수 있다.

∴ 시간적 관점의 확장

인간의 의사결정은 본능적으로 '현재 편향'을 갖는다. 당장의 비용은 크게 느끼고, 미래 이익은 과소평가한다. 영업 대화에서 이 편향을 극복하려면, 고객의 시간적 시야를 넓혀주어야 한다.

이러한 인간의 심리적 경향은 진화적 측면에서 이해할 수 있다. 불확실한 환경에서 생존해온 인류의 역사는 '지금 눈앞의 이익'을 우선시하는 경향을 강화해왔다. 그러나 현대적 의사결정에서 이러한 편향은 종종 장기적으로 불리한 선택으로 이어진다. 영업 대화에서 이러한 심리적 메커니즘을 이해하고 다루는 능력은 단순한 기술을 넘어 깊은 인간 이해에 기반한 접근이다.

▣ 효과적인 스크립트 예시

"이 제품을 5년간 사용하신다고 가정해볼게요. 초기 비용은 경쟁사 대비 12% 높지만, 유지보수·에너지 비용 등을 포함한 총소유비용(TCO)은 18% 저렴합니다. 실제로 고객님의 73%가 이 장기적 가치 때문에 저희를 선택하셨습니다."

이 스크립트는 단순한 정보 전달을 넘어 인지적 재구성(cognitive reframing)을 유도한다. 고객이 결정을 바라보는 프레임 자체를 '당장의 지출'에서 '장기적 투자'로 전환시키는 것이다. 또한 '73%'라는 구체적 수치를 통한 사회적 증명(social proof)은 인간의 집단 행동 심리를 효과적으로 활용한 접근이다.

∴ 실행 팁

- 추상적 '장기 이점' 대신, 구체적 수치("5년간 약 350만원 절감" 등)로 표현.
- 사회적 증명("대부분의 고객이 선택") 함께 제시 시 효과 극대화.

▣ 심리적 보상과 미래 가치 시각화

고객이 '장기적 가치'를 이해하게 하는 또 다른 비결은, 현재 결정의 미래 보상을 생생하게 시각화하는 것이다.

인간의 뇌는 추상적 개념보다 구체적 이미지에 더 강하게 반응한다. 미래의 이득을 현재의 감각적 경험으로 전환시키는 이 과정은 신경과학적으로도 설명 가능한 현상이다. 전전두엽(prefrontal cortex)의 활성화를 통해 즉각적 보상이 아닌 지연된 보상을 고려할 수 있게 되는 것이다. 이러한 뇌의 메커니즘을 영업 대화에 적용하는 것은 단순한 설득 기술이 아닌, 인간 인지 과정의 깊은 이해에 기반한 접근이다.

∴ 추가 스크립트 예시

"1년 후에는 초기 투자금의 40%가 회수되고, 3년 차부터는 경쟁사 제품 대비 순이익이 발생합니다. 많은 고객님들이 3년 차에 "정말 현명한 선택이었다"라고 말씀하시더라고요."

2. 영업 대화의 심리적 구조 : '대화의 메타 구조'

∴ 실질적 이점

고객 말 속에 숨은 니즈를 정확히 해석·반영하면, 신뢰도가 2.4배 올라가고, 가격 협상 요구는 35% 감소. 보험설계사 P씨는 이 기법 덕분에 계약 체결율을 2배로 높였다.

이러한 효과는 단순한 테크닉의 결과가 아니다. 이는 대화의 본질에 대한 깊은 이해와 인간 관계의 기본적 메커니즘을 영업 상황에 적용한 결과다. 심리학자 칼 융의 개념을 빌리자면, 고객의 표면적 언어 아래에는 '집단 무의식'과 개인적 경험이 복합적으로 작용하는 깊은 의미 층위가 존재한다. 이 층위를 읽어내는 능력은 단순한 영업 기술을 넘어 인간에 대한 깊은 이해를 요구한다.

∴ 고객 니즈의 통찰적 해석

고객의 말은 단순 겉핥기 식으로 받아들이면 안 된다. "사후 관리가 걱정돼요"라는 말 이면에는, "장기적 안정성을 보장받고 싶다", "예전 지원이 부실했던 트라우마가 있다" 등 더 깊은 니즈가 숨어있을 수 있다.

이러한 언어의 이중적 구조를 이해하는 것은 영업에서의 표면적 소통을 넘어 진정한 의미의 소통으로 나아가는 길이다. 소통학자 폴 와츨라윅은 "모든 커뮤니케이션은 내용적 메시지와 관계적 메시지의 두 차원을 동시에 갖는다"고 설명했다. 이 관점에서 고객의 말은 단순한 '정보'가 아닌, 관계의 맥락 속에서 해석되어야 할 '메시지'인 것이다.

∴ 효과적인 스크립트 예시

"사후관리가 걱정이시군요. 혹시 이전에 지원이 부족했던 경험이 있으셨나요? 저희는 구매 후 3년간 분기별 무상점검과 24시간 기술지원팀을 운영합니다."

이 응답은 단순한 정보 제공을 넘어 고객의 잠재적 우려에 공감하고, 그 우려의 근원을 탐색하며, 이에 대한 구체적 해결책을 제시한다. 이는 '듣기 - 해석하기 - 응답하기'라는 깊은 대화의 구조를 효과적으로 구현한 예시다.

∴ 사례 연구 : 건설자재 유통 G사

- 영업사원들에게 '고객 언어 해석' 훈련 실시

- 고객의 언어·비언어 신호 파악 능력↑
- 평균 계약금액 23% 상승, 가격할인 요구 41% 감소
- "고객이 우리를 단순 공급자가 아닌 문제 해결사로 본다"
  라는 변화 발생

G사의 사례는 단순한 영업 실적 향상이 아닌, 기업 정체성의 근본적 변화를 보여준다. 그들은 '무엇을 파는가'가 아닌 '어떤 존재가 되는가'의 질문을 통해 시장에서의 자신들의 위치를 재정의했다. 이러한 변화는 개별 거래를 넘어 기업의 장기적 지속 가능성과 가치 창출 방식에 근본적 영향을 미친다.

▣ 일회성 거래에서 장기적 관계로

"지금 이 순간 판매"가 아닌, "앞으로의 관계"에 초점을 맞추면 대화 구조 자체가 바뀐다.

이 관점의 전환은 영업의 본질에 대한 철학적 재고를 요구한다. 고객과의 관계를 단발적 교환이 아닌 지속적 가치 창출의 과정으로 이해할 때, 영업 대화의 목표와 구조 자체가 변화한다. 이는 마틴 부버의 '나-그것(I-It)'과 '나-너(I-Thou)' 관계의 구분과 유사하다. 고객을 '판매 대상'이 아닌 '관계의 동반자'로 바라볼 때, 영업은 단순한 상업적 행위를 넘어 진정한 가치 교환의 장이 될 수 있다.

∴ 효과적인 스크립트 예시

"2~3개월 사용해보시고 장단점을 말씀주시면 감사하겠습니

다. 저희가 계속 최적 사용 환경을 만들어드리려 노력할게요."

- 이 말 한마디가, 고객에게 "아, 이건 일회성 거래가 아니구
  나"라는 신호를 준다.

이 간단한 문장은 단순한 제안이 아닌, 관계의 성격을 규정하
는 메타커뮤니케이션이다. 이는 거래의 종결이 아닌 관계의 시
작을 알리는 신호로 작용하며, 고객의 인식과 기대를 근본적으
로 재구성한다.

3. LTV 계산표의 심층적 의미와 활용

∴ 핵심 메시지

LTV(Life Time Value)는 "얼마나 팔 수 있는가"가 아니라, "얼마
동안 얼마나 높은 가치를 제공하느냐"의 문제다. 영업사원은 '판
매자'가 아닌 '재무적 조언자', 고객은 '구매자'가 아닌 '장기 파트
너'라는 관점 전환이 필요하다.

이 관점의 전환은 단순한 역할 변화가 아닌, 시장에서의 가치
교환 방식에 대한 근본적 재고를 의미한다. 피터 드러커가 말했
듯 "비즈니스의 목적은 고객 창출"이며, 이는 단순한 판매를 넘
어 지속적인 가치 제공을 통한 관계 구축을 의미한다. LTV 개념
은 이러한 철학적 관점을 구체적인 비즈니스 메트릭으로 구현한
것이라 볼 수 있다.

∴ LTV를 활용한 대화의 구체적 전개

'비교 시나리오'를 제시해 고객이 스스로 장기 가치를 판단하게 하면 효과적이다.

이 접근법은 인지심리학의 '프레이밍 효과(framing effect)'를 활용한 것이다. 같은 정보도 어떤 맥락에서 제시되느냐에 따라 의사결정이 달라질 수 있다는 원리다. 비교 시나리오는 고객에게 선택의 여지를 제공함으로써 자율성을 존중하는 동시에, 그 선택의 프레임을 장기적 가치 중심으로 설정한다.

▣ 예시 스크립트

> "A안과 B안을 비교해볼게요. A안은 초기비용이 20% 저렴하지만, 3년 총비용은 B안이 15% 더 경제적입니다. 또한 B안에는 자동 업그레이드가 포함되어 있어, 기술 발전에 따른 추가투자가 필요 없어요. 귀사의 3년 계획을 볼 때 어떤 안이 더 적합하다고 보시나요?"

이 스크립트는 단순한 설득이 아닌, 고객의 의사결정 과정을 함께 탐색하는 협력적 접근을 보여준다. 정보를 제공하되 최종 판단은 고객에게 맡김으로써, 고객의 자율성을 존중하는 동시에 가치 중심의 결정을 유도한다.

∴ 자주 묻는 질문 (FAQ)

Q : "고객이 그냥 당장 싼 제품만 찾으려 해요. 어떡하죠?"

A : 먼저 '현재 편향'을 환기시킨다. "지금 당장 비용은 중요하시겠지만, 3~5년 후 상황도 함께 고려해보시면 어떨까요?"라고 제안 후, TCO(총소유비용) 분석표를 꺼낸다. 구체적 수치로 중장기 효율성 어필이 핵심.

이 응답은 고객의 인지적 편향을 정면으로 다루면서도, 판단을 강요하지 않고 대안적 시각을 제안하는 균형 잡힌 접근이다. 인간의 의사결정 방식에 대한 깊은 이해를 바탕으로, 고객이 스스로 더 넓은 관점에서 결정을 재평가할 수 있도록 안내한다.

Q : "스크립트가 너무 길고 형식적으로 들리지 않을까요?"

A : 스크립트는 암기용이 아니라 대화 골격이다. 핵심 포인트만 간략히 "가치 제안" 형태로 바꾸고, 고객 반응에 맞춰 유연하게 대응. 초반에는 어색해도, 반복 연습으로 점차 자연스러워진다.

이 관점은 이론과 실제의 통합을 강조한다. 어떤 기술이든 초기에는 의식적 노력과 연습이 필요하지만, 시간이 지날수록 내재화되어 자연스러운 흐름으로 표현된다. 이는 학습 심리학의 '의식적 유능함'에서 '무의식적 유능함'으로의 발전 과정과 일치한다.

▣ Before & After : 대화의 변화

∴ **변화 전**

- "저희 제품은 A, B, C 기능이 있고, 가격은 ○ 원입니다."
- 가격 협상 위주로 대화 전개
- 단기 판매 완료에 집중
- 기능 나열식 설명으로 고객 주의를 흐리게 함

∴ **변화 후**

- "가장 중요하게 생각하시는 부분이 뭘까요?"
- 장기 가치 & TCO 관점의 대화
- 지속적 '관계 구축'에 초점
- 고객 니즈 중심 '맞춤형 해결책' 제시

이 대비는 단순한 대화 기법의 변화가 아닌, 영업의 본질과 목적에 대한 근본적 재정의를 보여준다. '무엇을 말하는가'보다 '어떻게 듣는가'에 초점을 맞추는 이러한 전환은 영업을 '판매 행위'에서 '가치 발견의 여정'으로 승화시킨다.

광고비 낭비 제로화
: 고객생애가치(LTV) 기반 마케팅 공식

▣ 마케팅 투자의 숨겨진 진실

> "A채널 CAC(고객획득비용)는 1만 원이고,
>
> B채널은 2만 원이다.
>
> 그런데 왜 B채널에 더 많은 예산을 투입해야 할까?"

이 질문은 마케팅에 대한 우리의 관성적 사고를 정면으로 도전한다. 수치적으로 명백해 보이는 상황에서 직관에 반하는 결정을 내리는 것은 단순한 용기가 아닌, 비즈니스의 심층적 메커니즘을 이해하는 통찰력을 요구한다.

이 질문에 대한 답은, 표면적 지표 너머의 깊은 통찰에 숨어 있다. B채널을 통해 유입된 고객의 생애가치(LTV)가 평균 10

만 원이지만, A채널 고객은 3만 원에 그친다. 즉, B채널은 초기 CAC가 비싸 보여도, 장기적으로 훨씬 큰 가치를 창출한다.

우리는 종종 즉각적이고 가시적인 결과에 집착하는 경향이 있다. 이는 인간의 진화적 사고방식에 깊이 뿌리내린 특성으로, 당장의 이익을 미래의 잠재적 이익보다 더 가치 있게 평가하는 '현재 편향'에서 비롯된다. 하지만 진정한 비즈니스 성과는 이러한 본능적 사고를 넘어서는 곳에 존재한다.

마케팅 성과의 핵심은 단순 전환율이나 즉각적 ROI가 아니라, '고객과의 장기적 관계 가치'에 있다는 사실을 이해하는 것이 첫 단계다.

▣ 화장품 브랜드 C사의 사례

- 이 접근법 도입 후 마케팅 예산 배분을 완전히 재구성했다
- 초기 비용이 높더라도 장기적 LTV가 높은 채널에 집중 투자했다
- 9개월 내 마케팅 비용 27% 감소 + 매출 178% 증가했다
- "광고는 줄었는데, 매출은 대폭 늘어난" 역설적 결과를 만들었다

C사의 변화는 단순한 마케팅 전술의 조정이 아니었다. 이는 비즈니스의 근본적 가치 창출 방식에 대한 철학적 재고의 결과였다. 그들은 '얼마나 많은 고객을 유치하는가'가 아닌 '어떤 고객과 관계를 구축하는가'라는 질문으로 시선을 돌렸고, 이 관점의 전환이 놀라운 결과를 가져왔다.

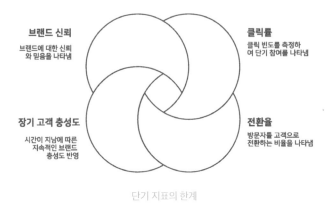

단기 지표의 한계

1. 근시안적 지표의 함정과 LTV 중심 사고

∴ 실질적 이점

LTV 관점에서 채널별 '진짜 효율'을 파악하면,

- 마케팅 비용 30% 절감
- 매출은 2배 이상 상승이 가능하다

가구 브랜드 D사는 이 방식으로 6개월 만에 마케팅 ROI 347% 향상을 이뤄냈다.

이러한 결과는 마케팅의 본질에 대한 근본적 재정의를 내포한다. 마케팅은 단순한 '판매 촉진 활동'이 아닌, '관계의 씨앗을 심는 행위'로 이해될 때 그 진정한 잠재력을 발휘한다. 이런 관점에서 마케팅 지출은 '비용'이 아닌 '미래 가치에 대한 투자'로 재해석된다.

∴ LTV의 다차원적 계산

LTV(고객생애가치)는 흔히 "고객이 평생 구매하는 금액"으로만 정의되곤 하지만, 사실은 훨씬 다층적이다.

1. 직접 구매 가치
   - 반복 구매 + 추가 구매 총액
2. 소셜 증폭 가치
   - 추천·구전 효과, 다른 고객 유치에 기여하는 가치
3. 브랜드 자산 가치
   - 충성도, 브랜드 옹호 등 간접적 기여

이러한 다층적 접근은 고객을 단순한 '거래 상대'가 아닌 '가치 창출의 파트너'로 바라보는 관점의 변화를 요구한다. 고객의 가치는 단순히 지갑을 열 때만 발생하는 것이 아니라, 브랜드와 관련된 모든 상호작용에서 지속적으로 형성되고 확장된다.

∴ 실행 팁

- 단순 '구매 빈도'나 '평균 결제액' 외에, NPS(순추천지수), 소셜미디어 상호작용, 리뷰 작성 등을 LTV 산정에 포함한다
- '소셜 증폭자(다른 고객 유치에 강한 영향력 행사)'는 일반 고객 대비 8.2배 높은 실제 가치를 갖는다

이 접근법은 마케팅 측정의 범위를 확장한다. 전통적인 마케팅 지표는 종종 눈에 보이는 거래만 측정하지만, 진정한 가치는 보이지 않는 상호작용의 네트워크 속에 존재한다. 이러한 무형의 가치를 체계적으로 포착하고 수량화할 때, 우리는 마케팅의 실질적 효과를 온전히 이해할 수 있게 된다.

▣ 매출 속도와 고객 자산 관리

기존 마케팅은 '당장의 매출'에 집중하지만, LTV 중심 접근은 '장기적 고객 자산'을 어떻게 성장시키느냐에 초점을 둔다.

잘못된 가정 : "매출이 빨리 일어날수록 좋다"는 직관이 항상 옳지 않을 수 있다. "한 번에 빨리 구매"하는 고객보다, 천천히 신중히 구매하지만 결국 장기 충성도를 보이는 고객이 궁극적으로 더 큰 가치를 만들어줄 때가 많다.

이 통찰은 속도와 가치의 관계에 대한 기존 이해에 도전한다. 비즈니스 세계에서 우리는 '빠른 성장'과 '즉각적 성과'를 종종 미덕으로 여긴다. 그러나 자연계를 살펴보면, 가장 오래 지속되는 생명체들은 느리지만 견고하게 성장하는 경우가 많다. 비즈니스 성장도 이와 유사한 원리를 따를 수 있다.

▣ 화장품 브랜드 E사의 통계

∴ 첫 구매 후 1주일 내 재구매한 고객 < 3~4주 후 신중히 재구매한 고객

- 1년 LTV가 후자가 2.3배 높았다

- '빠른 매출'보다 '견고한 관계 구축'이 중요함을 시사한다

E사의 발견은 마케팅 전략의 근본적 방향을 재고하게 한다. 고객과의 관계는 단순한 거래의 연속이 아닌, 시간에 따라 발전하는 유기적 유대다. 이러한 관계는 서둘러 강제할 수 없으며, 자연스러운 발전 과정을 존중할 때 가장 건강하게 성장한다.

2. 채널별 LTV 차이 이해와 영업 스크립트 통합

∴ 실질적 이점

채널별 고객 특성과 LTV 패턴을 영업 대화와 연결하면,

- 재구매율 43% 상승
- 객단가 27% 증가 등의 효과가 있다

홈인테리어 F사는 이 접근법으로 1년 내 매출 2.4배 성장했다.

이러한 통합적 접근은 마케팅과 영업 사이의 전통적 경계를 허물고, 고객 여정 전체를 유기적으로 관리하는 새로운 패러다임을 제시한다. 기존의 분절된 접근에서는 마케팅팀이 고객을 유치하고 영업팀이 판매를 완료하는 별개의 프로세스로 이해되었지만, 통합적 접근에서는 이 모든 과정이 고객과의 일관된 대화의 연속선상에 있게 된다.

∴ 채널 특성에 따른 고객 심리 이해

각 마케팅 채널은 서로 다른 '고객 유형 + 구매 의도'를 반영한다. 이를 알면, 채널별 맞춤 대응 전략을 세울 수 있다.

이러한 차별화된 이해는 단순한 마케팅 세분화를 넘어, 인간 행동의 맥락적 본질을 인정하는 깊은 통찰을 반영한다. 우리의 행동과 결정은 진공 상태에서 이루어지지 않으며, 항상 특정 맥락과 환경의 영향을 받는다. 고객의 행동도 마찬가지로, 어떤 채널을 통해 브랜드를 만났는지에 따라 서로 다른 심리적 맥락과 기대를 형성하게 된다.

▣ 주요 채널별 특성

- 검색 광고 : 구체적 문제 해결 니즈↑, 정보 지향 고객
- 소셜 미디어 : 우연한 발견, 감성·스토리에 반응하는 고객
- 제휴 마케팅 : 신뢰 기반 전이, 기존 관계를 활용한 유입

▣ 사례 연구 : 의류 브랜드 G사

- 채널별 고객 분석 → 영업 대화 방식을 차별화했다.
- 검색 광고 유입 고객에겐 기능·문제 해결 강조했다.
- 소셜 미디어 유입 고객에겐 브랜드 스토리·감성 가치 강조했다.
- 전체 전환율 32%↑, 특히 소셜 미디어 유입 고객 LTV 51%↑을 달성했다.

G사의 사례는 단순한 마케팅 전술의 조정이 아닌, 고객 심리에 대한 깊은 이해를 바탕으로 한 전략적 변화의 결과다. 그들은 '어떻게 말할 것인가'가 아닌 '누구에게 말하고 있는가'를 먼저 이해함으로써, 각 고객 그룹에 가장 의미 있는 방식으로 소통하는

능력을 개발했다.

▣ 영업 스크립트와 LTV 연계

영업 대화에서 고객의 '시간적 시야'를 넓히는 게 핵심이다. 단기 가격만 두고 다투지 말고, 장기 가치로 발길을 옮긴다.

이러한 접근은 단순한 설득 기술이 아닌, 고객의 의사결정 과정에 대한 근본적 영향을 미치는 프레임 전환이다. 심리학에서 '시간 지평(Time Horizon)'이라 불리는 이 개념은, 우리가 결정을 내릴 때 얼마나 멀리 미래를 고려하는지를 나타낸다. 영업 대화에서 이 시간 지평을 확장하는 것은 고객이 더 넓은 맥락에서 가치를 평가할 수 있도록 돕는 과정이다.

▣ 효과적인 LTV 영업 대화 구조

- 현재 니즈 확인 → 미래 상황으로 대화 확장
- 장기 총소유비용(TCO) 시각화
- 성공한 기존 고객의 사례 공유(사회적 증명)
- '관계 유지'의 가치 강조

이 구조는 단순한 판매 프로세스가 아닌, 고객과 함께하는 가치 발견의 여정을 설계하는 프레임워크다. 각 단계는 고객이 자연스럽게 시간적 관점을 확장하고, 장기적 가치를 인식할 수 있도록 안내하는 역할을 한다.

3. 데이터 기반 의사결정을 위한 실행 체계

∴ 핵심 경고

데이터는 단순히 편견을 정당화하는 '도구'가 아니라, 실질적 판단 근거여야 한다. 많은 기업이 '원하는 결론'에 맞춰 데이터를 골라 쓰는 함정에 빠진다.

이 경고는 단순한 방법론적 조언이 아닌, 인간 인지의 근본적 한계와 편향에 대한 인식을 요구한다. '확증 편향(confirmation bias)'은 우리가 이미 믿고 있는 것을 지지하는 증거만 선택적으로 수용하는 경향을 말한다. 진정한 데이터 기반 의사결정은 이러한 자연스러운 인지적 편향을 인식하고 극복하려는 의식적 노력을 필요로 한다.

∴ 통합 고객 데이터 인프라 구축

채널별 고객 행동을 통합 추적·분석할 수 있는 시스템이 필요하다. 핵심은 고객 ID 통합으로, 다양한 접점에서의 행위를 하나의 고객 프로필로 연결하는 것이다.

이러한 통합은 단순한 기술적 과제가 아닌, 고객을 바라보는 관점의 근본적 전환을 요구한다. 기존의 분절된 데이터 구조에서는 고객의 단편적 행동만 보이지만, 통합된 관점에서는 고객의 전체적인 여정과 맥락을 이해할 수 있게 된다. 이는 마치 개별 퍼즐 조각들을 맞추어 전체 그림을 보는 것과 같은 차이다.

∴ 채널별 코호트 분석

동일 시점에 유입된 고객(코호트)의 장기 행동 패턴을 채널별로 추적·비교하면, 어떤 채널이 진정한 가치를 만드느냐가 드러난다.

코호트 분석은 단순한 통계 기법이 아닌, 시간을 통한 가치 창출의 패턴을 발견하는 강력한 도구다. 이는 '가치가 어디서 오는 가'에 대한 깊은 질문에 답하는 과정이며, 종종 우리의 직관과 일치하지 않는 놀라운 통찰을 제공한다.

▣ 실행 템플릿 : 6개월 LTV 분석표

각 채널별로 다음 지표를 추적한다.

1. 초기 CAC(고객획득비용)
2. 30/90/180일 재구매율
3. 평균 주문 빈도 & 객단가
4. 구전 추천(입소문)으로 인한 신규 고객 수
5. 180일 기준 총 LTV & ROI

이 분석 프레임워크는 단순한 지표 수집이 아닌, 고객 가치 창출의 전체 생태계를 체계적으로 이해하기 위한 지도다. 각 지표는 고객 관계의 특정 측면을 조명하며, 함께 고려될 때 진정한 가치 창출의 패턴이 드러난다.

▣ Before & After : 마케팅 접근의 변화

∴ 변화 전

- 클릭률·전환율만 보고 광고 예산 배분
- 단기 성과 중심 캠페인 운영
- 저가 판매로 신규 고객 유치에 집중

- 채널별 성과 깊이 분석 없이 예산 편성

∴ 변화 후
- 채널별 LTV 분석 통한 과학적 자원 배분
- '고가치 고객' 타깃 & 장기 관계 구축
- 장기적 가치를 강조하는 영업 접근
- 지속적 코호트 분석과 전략 최적화

이 대비는 단순한 방법론의 변화가 아닌, 비즈니스의 근본적 목적과 가치 창출 방식에 대한 철학적 전환을 보여준다. '더 많이 판매하기'에서 '더 의미 있는 관계 구축하기'로의 이동은 단기적 거래를 넘어 지속 가능한 가치 창출을 지향하는 새로운 패러다임을 제시한다.

▣ 결론 : LTV 중심 마케팅의 힘

LTV 중심 마케팅은 "지금 얼마나 많이 파느냐"보다, "미래에도 함께할 고객을 어떻게 관리하느냐"에 방점을 둔다. 이는 단순 전술적 변화가 아니라, 비즈니스를 바라보는 근본적 관점의 전환이다.

- 장기 가치를 중시하면, 광고비는 줄이고도 매출이 더 커진다.
- 고객은 단발 소비자가 아니라, 파트너로 성장한다.

이러한 관점의 전환은 비즈니스의 궁극적 목적에 대한 깊은 성찰을 요구한다. 진정한 비즈니스 성공은 단순한 금전적 교환을 넘어, 고객과 기업 모두에게 지속적인 가치를 창출하는 관계의 구축에 있다. 이러한 상호 호혜적 관계는 단기적 이익 추구로는 결코 달성할 수 없는 장기적 번영의 토대가 된다.

CEO가 직접 세팅해야 할
핵심지표와 그 절대적 이유

▣ 측정이 만드는 현실 : 지표의 숨겨진 힘

"왜 우리 회사는 CEO가 생각한 방향으로 움직이지 않을까?"

이 질문에 부딪힌 경영자들은 대개 "직원들이 의지를 안 따르니까"라고 탓하지만, 실은 중요한 진실을 놓치고 있다. 진정으로 성공하는 CEO들은 지표를 단순 측정 도구가 아닌 '행동 유도 장치'로 본다. 지표 자체가 강력한 메시지고, 리더십의 직접적인 표현인 것이다.

이러한 관점은 피터 드러커의 명언 "측정할 수 없으면 관리할 수 없다"를 한 단계 더 발전시킨다. 지표는 단순히 성과를 측정하는 도구가 아니라, 조직의 행동과 문화를 형성하는 강력한 신호 체계가 된다. 실제로 인지심리학 연구에 따르면, 인간은 측정되고 주목받는 영역에 무의식적으로 더 많은 에너지와 관심을 투입하는 경향이 있다.

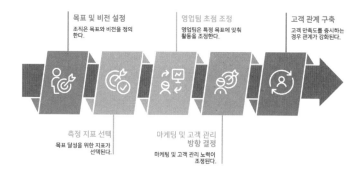

▣ 소프트웨어 기업 A사 vs. B사의 대조적 사례

∴ A사 대표 : "고객 만족도가 중요하다"라고 강조했으나, 팀은 여전히 신규 고객 확보에만 몰두.

• 이유 : 아직도 KPI의 최우선은 '신규 계약 건수'였기 때문.

∴ B사 CEO : 핵심 평가지표를 '고객 유지율'과 '추가 구매율'로 바꾸고, 주간 회의 때 직접 챙기기 시작.

• 불과 3개월 만에 조직 행동이 극적으로 변하고, 기존 고객 중심 전략이 자리 잡음.

이는 우연이 아니라, 조직은 '측정되는 것'에 집중하고, CEO

가 매번 보는 지표에 조직의 실질 우선순위가 몰린다는 심오한 리더십 원리를 보여준다.

A사와 B사의 사례는 조직 행동에 영향을 미치는 암묵적 메커니즘을 명확히 보여준다. A사의 경영자는 '말'로는 고객 만족을 강조했지만, '측정'은 여전히 신규 고객 획득에 맞춰져 있었다. 이러한 불일치는 조직 내 혼란과 비효율을 야기했다. 반면 B사의 경영자는 말과 측정의 일관성을 유지함으로써 명확한 방향성을 제시했고, 조직은 자연스럽게 그 방향으로 움직였다.

1. 지표의 심리적 해석 : 언어 너머의 메시지

∴ 실질적 이점

CEO가 직접 핵심지표를 설정하고, 그 지표가 왜 중요한지 설명하면, 조직은 '우리가 진정 무엇을 중시하는지'를 명확히 이해한다. 제조업체 C사는 이 방식으로 직원 몰입도 47% 향상 + 생산성 23% 증가를 동시에 이뤄냈다.

지표는 단순한 수치가 아니라 조직의 가치체계를 반영하는 언어이다. 인류학적 관점에서 보면, 지표는 현대 조직의 '토템'과 같은 역할을 한다. 토템이 부족의 정체성과 가치를 상징하듯, 지표는 조직이 무엇을 중요시하는지를 상징적으로 보여준다. 따라서 CEO가 직접 핵심지표를 설정하고 그 의미를 설명하는 과정은 단순한 업무 지시가 아닌, 조직의 정체성과 방향성을 규정하는 중요한 문화적 의식이 된다.

∴ 지표의 상보성 이해하기

모든 지표는 불완전하다. 한 측면을 강조하면, 다른 측면이 희생되는 Trade-off가 생긴다.

이러한 상보성(complementarity)의 원리는 양자물리학에서 빛이 입자와 파동의 이중성을 가지듯, 경영에서도 중요한 개념이다. 어느 한 측면만을 완벽하게 측정하고 최적화하려는 시도는 종종 시스템 전체의 균형을 무너뜨리는 결과를 초래한다. 성공적인 CEO는 이러한 상보성을 인식하고, 균형 잡힌 지표 생태계를 구축함으로써 조직의 다차원적 건강을 도모한다.

∴ 주요 상보적 관계 예시

- 단기 수익 ↔ 장기 투자
- 속도 ↔ 품질
- 효율성 ↔ 혁신성
- 비용 절감 ↔ 가치 창출

∴ 중대한 경고

지표가 너무 단순하면, 다른 중요한 측면을 무시하게 될 위험이 크다. 예컨대 '고객 응대 속도'만 KPI로 잡으면, '문제 해결 품질'이 희생될 수 있다. CEO는 이런 상보관계를 인식, 균형 잡힌 지표 세트를 설계해야 한다.

경영 역사에서 '지표의 단순화'로 인한 실패 사례는 수없이 많다. 포드 자동차의 초기 조립라인은 '생산량'만을 강조하여 품질

문제를 야기했고, 많은 콜센터들이 '통화 시간 단축'에만 집중하여 고객 만족도 하락을 경험했다. 이러한 사례들은 단일 지표에 대한 맹목적 최적화가 시스템 전체에 미치는 부정적 영향을 보여준다.

∴ 측정의 심리학과 시간적 지평선

지표는 조직이 생각하는 시간적 지평(Time Horizon)을 결정한다. 단기 지표만 강조하면, 장기 가치 창출을 위한 투자가 소홀해진다.

시간적 지평선 개념은 뇌의 전전두엽 기능과 밀접하게 연관되어 있다. 인간의 전전두엽은 미래를 상상하고 장기적 결과를 예측하는 능력을 담당하는데, 조직도 이와 유사하게 '집단적 전전두엽' 기능이 필요하다. 지표는 이 기능을 활성화하거나 억제할 수 있는 강력한 도구가 된다. 단기 지표만 강조되는 조직은 마치 전전두엽 기능이 손상된 환자처럼 장기적 결과를 고려하지 못하는 근시안적 의사결정에 빠지기 쉽다.

∴ 실용적 시간 지평선 설계

- 일/주 단위 : 운영 효율성 지표
- 월/분기 단위 : 전술적 성과 지표
- 연/다년 단위 : 전략적 가치 창출 지표

∴ 금융서비스 기업 D사의 변신

- 예전엔 분기 지표만 집착 → 장기 혁신 프로젝트가 계속 뒤로 밀림
- '주간 운영지표 + 3년 전략지표'를 CEO가 함께 검토
- 6개월 만에 단기 운영 개선 + 장기 혁신 프로젝트가 2배 빠른 속도로 진행

D사의 변화는 시간적 지평선의 확장이 실제 비즈니스 성과에 미치는 영향을 잘 보여준다. 이들은 단순히 장기 지표를 추가한 것이 아니라, 단기와 장기 지표를 유기적으로 연결함으로써 '현재 행동이 미래에 미치는 영향'을 가시화했다. 이를 통해 조직은 일상적 운영과 장기적 혁신 사이의 건강한 균형을 찾을 수 있었다.

2. 현장 실행력 재해석 : 미시적 선택에 영향을 미치는 지표

지표는 조직원들의 일상 의사결정에 깊이 관여한다. CEO가 어떤 지표에 무게를 두느냐에 따라, 회사 문화와 행동 패턴이 형성된다.

지표의 영향력은 공식적인 성과 평가 과정을 넘어 직원들의 무의식적 의사결정까지 침투한다. 행동경제학에서는 이를 '프레이밍 효과'라고 부른다. 즉, 같은 상황이라도 어떤 틀(프레임)에서 바라보느냐에 따라 의사결정이 달라진다는 것이다. 지표는 조직 구성원들이 현실을 인식하고 해석하는 프레임을 제공함으로써, 수많은 일상적 결정에 은밀하지만 강력한 영향을 미친다.

∴ 지표가 만드는 조직 행동 패턴

- '최초 응답 속도' 지표 → '빠른 대응' 문화
- '충성고객 유지율' 지표 → '장기 관계' 문화
- '직원 제안 실행률' 지표 → '참여와 혁신' 문화

이러한 연결은 단순한 인과관계가 아니라, 조직 내 깊은 의미 체계를 형성한다. 지표는 '무엇이 성공인가'를 정의함으로써 '어떻게 행동해야 하는가'에 대한 암묵적 지침을 제공한다.

∴ 사례 연구 : 소프트웨어 B사의 지표 전환

- 영업팀 KPI를 '고객 문의 대응시간'에서 '제안서 정확도(고객 니즈 충족률)'로 전환
- 초기엔 대응 속도가 느려졌지만, 3개월 뒤 평균 계약 규모 35%↑, 영업 주기는 20% 단축
- 단순히 지표를 바꾼 것이 아니라, 팀의 근본 접근이 '속도 → 정확도'로 바뀐 결과

B사의 사례는 지표 변경을 통한 '인지적 재구성'의 힘을 보여준다. 이전에는 '빠른 응대'가 성공으로 인식되었지만, 새로운 지표는 '정확한 이해'를 성공의 기준으로 재정의했다. 이러한 전환은 영업팀이 고객과의 상호작용을 근본적으로 다르게 바라보게 만들었고, 결과적으로 더 깊은 관계와 더 큰 계약으로 이어졌다.

∴ 지표가 리더십의 확장이 되는 순간

CEO는 물리적으로 한계가 있으나, 그가 설정한 지표는 24시간 조직 곳곳에 영향을 미친다. 즉, 지표는 리더십의 확장판이다.

**"직원들은 내 말을 듣는 게 아니라,
내가 측정하는 것을 보고 행동한다."**

- 데이터분석 기업 E사 CEO

이 통찰은 리더십의 본질에 대한 깊은 이해를 반영한다. 진정한 리더십은 명시적 지시나 카리스마에만 의존하지 않는다. 오히려 조직 시스템과 구조를 통해 일관되게 전달되는 신호와 메시지가 더 지속적이고 침투적인 영향력을 발휘한다. 지표는 이러한 시스템적 리더십의 핵심 요소로, CEO의 의도와 비전을 조직 전체에 확산시키는 강력한 매개체가 된다.

3. 실천적 방법론 : 지표 설정의 숨겨진 기술

∴ 핵심 실행 프레임워크
효과적인 지표 설정을 위한 4단계 접근 :
1. 전략적 역산법
   - 원하는 미래 조직상(3년 뒤 모습)을 떠올리고, 역으로 필요한 지표를 도출
   - "미래에 도달하려면 지금 어떤 행동이 필요한가?"라는 질문에서 출발

2. 행동적 설계

- 지표가 어떤 행동을 유도·억제하는지 의식적으로 고민
- 부작용(지표만족 위해 왜곡된 행위 등)까지 미리 시뮬레이션

3. 참여적 명확화

- 지표의 배경·의도를 팀원들과 공유하여, 전사가 같은 방향을 바라보게 함
- CEO 혼자 "이거 한다"가 아니라, "왜 이 지표가 중요한지"를 설명

4. 적응적 조정

- 지표도 유연해야 한다. 상황이 변할 때마다 수정·보완.
- 경직되면 '눈가림'·'게임화' 같은 부작용 발생 가능

이 프레임워크는 지표 설정을 정적인 이벤트가 아닌 동적인 과정으로 재해석한다. 특히 주목할 만한 것은 '참여적 명확화' 단계로, 지표의 '의미'를 공유하는 과정이 단순한 정보 전달을 넘어 조직의 집단적 이해와 합의를 형성하는 중요한 문화적 과정임을 강조한다.

▣ 자주 묻는 질문 (FAQ)

Q : "CEO가 일일이 지표 세팅·관리하면, 너무 부담되지 않나요?"

A : 전부를 CEO가 할 필요는 없다. 핵심 3~5개 지표만 CEO가 직접 주도하고, 부서별 세부 지표는 그것과 연계해

각 부서가 맡는다. 중요한 건, CEO가 주간/월간 리뷰 때 이 지표를 직접 보고 관심을 표현하며, 방향성과 의도를 계속 전하는 것이다.

이 답변은 '적절한 위임'과 '직접적 관여'의 균형을 강조한다. CEO의 역할은 모든 지표를 직접 관리하는 것이 아니라, 핵심 지표에 대한 지속적 관심과 해석을 통해 조직의 방향성을 명확히 하는 것이다. 이는 '상징적 리더십'의 중요한 측면으로, CEO의 주의와 관심이 집중되는 영역이 조직 전체에 강력한 신호로 작용한다는 원리를 반영한다.

Q : "매출 외에 어떤 지표를 핵심으로 잡아야 하나요?"

A : 기업 상황마다 다르지만, 아래 4개 영역을 균형 잡힌 시각에서 살펴보길 권한다.

1. 고객 관점 : 유지율, 문제 해결 사례, 재구매율
2. 내부 프로세스 : 핵심 업무 효율, 품질 지표
3. 인적 자산 : 직원 역량, 생산성, 참여도
4. 혁신/미래 : 신규 아이디어 실행률, 장기 가치 창출 지표

이 균형 잡힌 접근법은 카플란과 노턴의 '균형성과표(Balanced Scorecard)' 개념에 뿌리를 두고 있으며, 조직을 다차원적 시스템으로 인식하는 통합적 관점을 반영한다. 단일 차원(예: 재무)에만 집중하는 것은 복잡한 조직 생태계의 다른 중요한 측면들을 간과할 위험이 있다는 점을 상기시킨다.

▣ Before & After : 지표 설정의 변화

∴ 변화 전

- 표면적 매출만 중시
- 재무부서가 기계적으로 지표 관리
- CEO는 결과만 바라봄("매출 얼마 나왔냐?")
- 지표와 전략 방향이 제각각

∴ 변화 후

- 균형 잡힌 상보적 지표 조합 운영
- CEO가 핵심지표 직접 설정 + 검토
- 지표가 왜 중요한지 명확히 설명 & 공유
- 지표와 조직 행동 변화를 직접 연결

이 대비는 단순한 운영 방식의 변화가 아닌, 조직의 측정과 평가에 대한 근본적 철학의 전환을 보여준다. '변화 전' 상태는 지표를 단순한 결과 측정 도구로 바라보는 기계적 관점을 반영한다면, '변화 후' 상태는 지표를 조직 방향성과 문화 형성의 핵심 요소로 인식하는 통합적 관점을 보여준다.

▣ 결론 : CEO만이 할 수 있는 본질적 리더십 행위

핵심지표의 설정·관리는 단순히 '숫자 관리'가 아니라, CEO 리더십의 핵심 영역이다. 회사는 CEO가 주목하고 측정하는 방향으로 움직이며, 그 지표에 따라 전략적·전술적 우선순위를 재편한다. 이는 지표가 숫자를 넘어 강력한 변화의 도구로 작동하는 이유이기도 하다.

　이러한 이해는 CEO의 역할에 대한 근본적 재고를 요구한다. CEO는 단순한 결정자나 비전 제시자를 넘어, 조직의 관심과 에너지가 흐르는 방향을 설계하는 '주의력 건축가(architect of attention)'로서의 역할을 수행해야 한다. 지표 설정은 이러한 역할의 핵심적 표현이며, 리더십의 가장 강력하고 지속적인 형태다.

우수인재 이탈방지 비법
: 돈 안 들이고 충성도 높이기

▣ 성과의 숨겨진 심리학 : 보이지 않는 동기의 힘

"인센티브만 많이 주면 다 해결되지 않나요?" 의류 유통업체 S 사의 대표가 던진 이 질문에, 영업팀장의 대답은 뜻밖이었다. 최 근 퇴사한 우수 영업사원 3명이 떠난 이유는 '보상'이 아니라, '성 장 기회 부재', '소속감 결여', '업무 자율성 제한'이었다.

이 대화는 경영의 가장 근본적인 오해를 드러낸다. 우리는 인 간 행동의 동기를 지나치게 단순화하는 경향이 있다. '더 많은 보 상'이 '더 나은 성과'로 직결된다는 믿음은 피상적 관찰에 불과하 다. 심층적 인간 심리는 그보다 훨씬 복잡하고 미묘한 작용을 통 해 움직인다.

실제로 성과급 체계는 동일하게 유지하되, 멘탈 케어와 심리 적 지원만을 보강했을 때, 3개월 만에 매출 42% 상승한 사례가 있다. 이는 겉으로 보이지 않는 심리적 요소들이 실제 성과에 어떤 폭발적 영향을 미치는지 잘 보여준다.

여기서 핵심은 표면적 행동보다 내면의 심리적 상태가 성과의 진정한 동인이라는 사실이다. 인간은 단순한 '인센티브 기계'가 아니라, 인정, 성장, 소속감, 자율성을 갈망하는 복합적 존재다. 이 기본적 진실을 간과하는 순간, 우리는 인적 자원의 진정한 잠재력을 놓치게 된다.

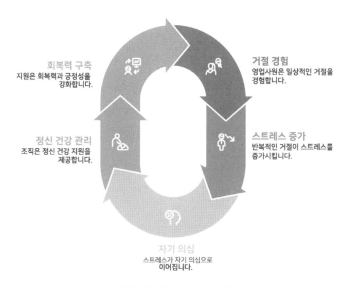

회복력 구축
지원은 회복력과 긍정성을 강화합니다.

거절 경험
영업사원은 일상적인 거절을 경험합니다.

정신 건강 관리
조직은 정신 건강 지원을 제공합니다.

스트레스 증가
반복적인 거절이 스트레스를 증가시킵니다.

자기 의심
스트레스가 자기 의심으로 이어집니다.

영업사원 정신 건강 관리 주기

1. 영업 성과의 심리적 기반과 '조금 더'의 승수 효과

∴ 실질적 이점

단기간 매출 2배 증가 사례를 보면, 대부분 '숨겨진 인적 요소'가 기폭제가 된다. 영업 인력의 동기부여와 심리 안정이 임계점을 넘으면 폭발적 성과가 가능하다. F사는 단순 인정·지원 시스템 도입으로 6개월 내 영업 실적을 '183%'나 올렸다.

이 현상은 물리학의 '상전이(相轉移)' 원리와 유사하다. 물이 99도에서는 액체 상태를 유지하다가 단 1도만 더해지면 갑자기 기체로 변하는 것처럼, 인간의 성과도 특정 심리적 임계점을 넘으면 질적으로 다른 차원으로 도약한다. 바로 이 미묘한 '임계점'을 관리하는 것이 경영의 핵심 기술이다.

∴ 거절과 불확실성의 심리적 무게

영업은 고객의 "아니오"가 하루에도 수십 번 반복되는 직무다. 이 거절의 누적과 불확실성은 영업사원의 정신적 부담을 증가시키고, 작은 심리적 지원이 큰 행동 변화를 촉발하는 환경을 만든다.

거절의 심리적 충격은 진화적 관점에서 이해할 필요가 있다. 인간의 뇌는 사회적 거절을 물리적 위협과 유사하게 처리한다. 신경과학 연구에 따르면, 사회적 거절은 물리적 고통과 동일한 뇌 영역을 활성화시킨다. 영업사원이 매일 겪는 '아니오'는 단순한 업무상의 난관이 아니라, 진화적으로 인간이 회피하도록 프로그래밍된 깊은 심리적 고통인 것이다.

∴ '조금 더'의 심리학

"오늘 고객 한 명만 더 만나볼까?"라는 긍정적 선택 vs. "이제 그만둘래"라는 포기 사이에는 매출 10~20% 이상의 격차가 생긴다. 이 미묘한 차이를 만드는 것은 종종 거창한 인센티브가 아니라, 작은 인정이나 일상적 응원일 때가 많다.

이 '조금 더'의 원리는 복리의 법칙과 같다. 매일 1%씩 개선되는 것이 1년 후에는 37.8배의 성과 차이를 만들어내듯, 영업 현장에서의 '한 명 더' 접촉하는 습관은 시간이 지남에 따라 기하급수적 성과 격차를 만든다. 이는 단기적 시각으로는 포착하기 어려운, 장기적 관점에서만 온전히 이해되는 현상이다.

∴ 제약영업 T사의 사례

- "거절 회복 프로토콜" 도입
- 고객 "아니오"에 좌절하지 않고 3분 "리셋 루틴" + 팀 지원
- 평균 일일 고객 접촉 수 4.2회 → 5.7회
- 분기 매출 37% 상승

T사는 행동경제학과 심리학의 원리를 실용적으로 적용한 사례다. 그들의 3분 리셋 루틴은 영업사원의 '자동 반응 시스템'을 재조정하는 것을 목표로 했다. 인지심리학에서 말하는 '마음챙김 중재(mindfulness intervention)'의 전형으로, 자동적 사고 패턴을 의식적으로 재구성하는 과정이다. 이러한 미세한 인지 조정이

행동 변화로 이어지고, 결국 눈에 보이는 매출 성과로 구현된 것이다.

▣ 2. 인재 리텐션의 다층적 가치 : 단순 "인력 유지" 너머

영업사원 한 명의 이탈은 단순 인력 손실을 넘어서는 복합적 피해를 의미한다.

∴ 이탈의 숨겨진 비용
- 고객 네트워크·관계 단절
- 암묵적 시장 통찰·노하우 소실
- 팀 사기·분위기에 미치는 악영향
- 신규 채용·교육 비용 (이탈 인력 연봉의 1.5~2배 소요)

인재 이탈의 비용 구조는 빙산과 같다. 우리가 쉽게 인식하는 표면적 비용(채용 비용, 교육 비용)은 전체 손실의 일부에 불과하다. 더 크고 파괴적인 손실은 눈에 보이지 않는 무형 자산의 영역에서 발생한다. 특히 핵심 인재가 떠날 때 함께 사라지는 '암묵지(tacit knowledge)'는 화폐 가치로 환산하기 어렵지만, 실질적으로는 가장 큰 손실일 수 있다.

이를 보면, 인재 유지는 단순 '비용 절감'이 아니라, '가치 보존 +증대' 관점이다.

∴ 일상적 행동이 만드는 큰 차이
인재 유지에 가장 효과적인 것은 거창한 제도나 고비용 프로그램이 아니다. 연구에 따르면 다음 같은 일상적 행동이 강력한 유지 효과를 보인다.

- 주간 1:1 대화 (15~20분이면 충분)
- 소규모 성공에 대한 즉각적·구체적 인정
- 개인적 성장 목표에 대한 관심·지원
- 의사결정 과정에서 의견 반영·자율성 존중

여기서 눈여겨봐야 할 점은 이 모든 요소가 '일상성'이라는 공통분모를 갖는다는 것이다. 화려한 단발성 이벤트나 고비용 리워드가 아닌, 일상적이고 지속적인 상호작용이 진정한 충성도를 형성한다. 이는 인간관계의 본질이 '특별한 순간'이 아닌 '평범한 일상의 축적'에 있음을 보여준다.

∴ 실행 팁

매주 월요일, 팀원 한 명에게 "지난주에 가장 자랑스러웠던 순간은 무엇이었나요?"라고 물어보고, 진심으로 듣고 구체적 피드백을 해주라. 이런 작은 대화가 누적되어 큰 충성도 차이를 만든다.

이 간단한 질문에는 심오한 심리학적 원리가 숨어 있다. 첫째, 이 질문은 직원에게 성취감을 재경험하게 함으로써 긍정적 감정을 강화한다. 둘째, '자랑스러움'이라는 감정에 초점을 맞춤으로써 내재적 동기를 활성화한다. 셋째, 정기적으로 이 질문을 던짐으로써 일상 업무 속에서도 의미 있는 성취를 찾는 습관을 형성한다. 이 모든 효과는 거의 비용이 들지 않는 15분의 대화를 통해 얻어진다.

3. 멘탈 케어의 시스템적 접근 : 개인과 조직의 균형

∴ 중요 원칙

"실패 처벌 문화" 대신 "학습·성장 문화"를 만들어야 멘탈 부담이 감소하고 성과는 올라간다. 학습 문화에서는 실패가 숨길 대상이 아니라 발전 자산이 되며, 그로 인해 심리적 안전감이 생긴다.

조직 문화의 본질은 '실패에 대한 태도'에서 가장 명확히 드러난다. 실패를 부끄러움이나 처벌의 대상으로 여기는 조직에서는 위험 회피 성향이 강화되고, 혁신이 억제된다. 반면 실패를 집단 학습의 자원으로 여기는 조직에서는 건설적 실험과 적응적 발전이 가능하다. 이는 단순한 '문화적 편의'의 문제가 아니라, 조직의 생존과 직결되는 근본적 작동 원리다.

∴ 이중 트랙 접근법

효과적인 멘탈 케어는 개인 차원과 조직 차원을 동시에 개선해야 한다.

∴ 개인 차원 개입

- 스트레스 관리 기법(마인드풀니스, 인지 재구성 등)
- 회복탄력성 강화 훈련
- 일-생활 균형 지원(근무시간 유연성 등)

∴ 조직 구조 개입

- 평가 시스템 재설계 (과정·노력 인정)
- 심리적 안전감을 촉진하는 회의 문화
- 동료 지원 네트워크 구축

이 이중 트랙 접근법은 시스템 사고(systems thinking)의 실천이다. 개인만 변화시키려 하거나 구조만 바꾸려는 단일 차원의 접근은 한계가 있다. 진정한 변화는 개인과 시스템이 상호작용하며 서로를 강화할 때 지속 가능하다. 이는 마치 생태계에서 개별 생물과 환경이 서로 영향을 주고받으며 공진화하는 것과 유사하다.

∴ 금융상품 영업팀 B사의 "실패 축하 미팅"

- 매주 금요일, 팀원들이 각자의 실패·교훈을 공유
- 처음엔 어색했지만 6개월 뒤 팀의 정체성이 되었고, 매출 159% 상승

B사의 사례는 '역설적 개입(paradoxical intervention)'의 효과를 보여준다. 보통 조직에서 감추고 최소화하려는 '실패'를 오히려 전면에 내세우고 축하함으로써, 그것의 심리적 무게와 부담을 근본적으로 변화시킨 것이다. 이 접근법은 초기에는 문화적 저항과 불편함을 유발했지만, 지속적 실천을 통해 결국 조직의 정체성과 경쟁 우위로 자리 잡았다. 이는 '문화적 변형(cultural transformation)'이 단순한 구호나 선언이 아닌, 일관된 실천과 의미 부여의 과정임을 보여준다.

매출을 단기간에 2배 만드는 건 가능하다. 그러나 인재 소진이 가속되면, 장기적으론 더 큰 손실로 이어진다.

이 관점은 '지속가능성' 패러다임의 핵심이다. 단기적 수치 향상에만 집중하는 경영은 마치 내일을 위해 오늘의 씨앗을 모두 먹어버리는 것과 같다. 진정한 성과는 현재와 미래, 결과와 과정, 효율과 혁신 사이의 균형에서 비롯된다. 이러한 균형감은 단순한 이상이 아니라, 장기적 생존과 번영을 위한 필수 조건이다.

∴ 지속 가능한 성과의 방정식

- 도전적 목표 + 충분한 지원 환경
- 압박 vs. 자율성의 균형
- 단기 성취 vs. 장기 발전의 조화
- 경고 사항

번아웃은 서서히 쌓이다 갑자기 터진다. 가시적 신호가 보일 땐 이미 늦을 수 있다. 정기적 "번아웃 체크"로 조기 신호를 포착하라.

번아웃의 진행 과정은 만성 스트레스 증후군과 유사하다. 초기에는 미묘한 변화(업무 열정 감소, 가벼운 피로감)만 나타나다가, 임계점을 넘으면 갑작스러운 기능 상실(완전한 소진, 극심한 냉소주의, 심리적 이탈)로 이어진다. 이런 패턴은 많은 경영자들이 번아웃을 '갑작스러운 사건'으로 오해하게 만든다. 그러나 사실은 장기간

196

에 걸친 점진적 과정의 결과다. 정기적인 모니터링만이 이 숨겨진 과정을 포착할 수 있다.

▣ 자주 묻는 질문(FAQ)

Q : "우리는 중소기업이라 복지 프로그램 여력이 없어요. 적용 가능할까요?"

A : 멘탈 케어·인재 유지의 핵심은 비용이 아니라 '관심의 질'이다. 오히려 중소기업은 경영진·직원 간 거리가 가까워 진정성 있는 소통이 쉽다. 주 1회 15분 대화, 성공 노트 작성, 팀 회고 미팅 등은 비용 없이도 충분히 가능하다.

이 답변은 '제약 속의 창의성' 원리를 보여준다. 역설적으로, 자원의 제약은 종종 더 창의적이고 본질적인 해결책을 찾게 한다. 대기업의 복잡한 프로그램보다, 중소기업의 인간적 근접성과 진정성 있는 소통이 더 강력한 효과를 발휘할 수 있다. 이는 '관계의 질'이 '프로그램의 양'보다 중요하다는 기본 진리를 상기시킨다.

Q : "인재 유지 노력과 매출 성장 사이 상관관계를 어떻게 측정하죠?"

A : 다음 지표들을 3~6개월 추적하면 패턴이 명확해진다.

1. 영업사원 이직률 vs. 총 매출

2. 심리적 안전감 설문 점수 vs. 개인별 매출
3. 1:1 미팅 빈도 vs. 고객 접촉 수

이 접근법은 데이터 기반 경영(data-driven management)의 실천이다. 무형의 요소(심리적 안전감, 소통 빈도)가 유형의 성과(매출, 고객 접촉)와 어떻게 연결되는지 객관적으로 추적함으로써, 심리적 요소의 중요성을 직관이 아닌 증거에 기반해 이해할 수 있게 한다. 이는 '보이지 않는 것'의 가치를 '보이는 것'으로 변환하는 과정이다.

▣ Before & After : 조직 변화의 실제

∴ 변화 전

- 성과 압박만 강조 → 이탈률↑
- 남은 직원도 소진 → 동기 저하
- 매출 반짝 상승 후 급락
- 영업 노하우 미축적 → 악순환

∴ 변화 후

- 심리적 안정 + 성장 지원 시스템
- 실패를 학습 기회로 재정의 → 안전감↑
- 꾸준한 모멘텀, 3개월 내 매출 '50%'↑
- 지속 가능한 성장 구조 확립

이 비교는 '단기 압박 모델'과 '지속가능 성장 모델'의 근본적 차이를 보여준다. 전자는 즉각적 성과에 집중하지만 자원(인재,

에너지, 창의성)을 고갈시키는 반면, 후자는 자원을 육성하고 확장하며 장기적으로 더 큰 성과를 창출한다. 이는 단순한 전술적 선택이 아닌, 경영 철학의 근본적 차이를 반영한다.

▣ 핵심 실행 체크리스트

- 주간 1:1 대화 일정 수립(15분 × 팀원 수)
- "소규모 성공 인정" 일상화 프로토콜 개발
- 심리적 안전감 측정 설문 설계·실시
- "실패 학습" 프로세스(교훈 문서화 등) 도입
- 멘탈 체크인 질문 리스트 작성
- 인재 유지 vs. 매출 상관관계 측정 시스템 구축

이 체크리스트의 강점은 '실행 가능성'과 '구체성'의 균형이다. 각 항목은 추상적 원칙이 아닌, 내일 당장 시작할 수 있는 구체적 행동이면서도, 깊은 이론적 토대를 갖추고 있다. 이러한 '행동 가능한 지혜(actionable wisdom)'는 지식과 실행 사이의 간극을 메우는 역할을 한다.

▣ 기대 효과

이 체크리스트를 3개월 실행하면,

- 영업사원 이탈률 40~50% 감소
- 일일 고객 접촉 수 25~35% 증가
- 팀 전체 매출 30~100% 상승 가능

▣ 결론 : "조금만 더" 하고 싶게 만드는 환경

인재 관리는 단순 행정이 아니라 전략적 성장 동력이다. "조금만 더" 해볼 의욕이 생기면, 인재들은 기꺼이 거절을 넘고 더 많은 시도를 한다. 이 작은 심리적 메커니즘이 적은 비용으로도 큰 매출을 만드는 원동력이다.

이 결론은 모든 변화의 본질이 '미묘한 차이점'에 있음을 상기시킨다. 성공과 실패, 성장과 정체 사이의 경계는 종종 생각보다 훨씬 얇다. '한 번 더 시도하는 것'과 '지금 포기하는 것' 사이의 미세한 선택이 시간이 지남에 따라 엄청난 성과 차이로 증폭된다. 이런 관점에서 인재 관리의 진정한 가치는 '관리' 자체가 아니라, 이러한 미묘한 선택의 순간에 긍정적 방향으로 영향을 미치는 환경을 조성하는 데 있다.

CHAPTER3. 핵심요약
《고객이 자발적으로 지갑을 열게 만드는 7가지 핵심 기술
: 킹핀 3가지》

▣ 킹핀1. 고객생애가치(LTV)를 정확히 파악하면 낭비 없는 영업 가능

당신은 왜 매출이 정체되어 있는지 진심으로 물어본 적 있는가? 답은 의외로 단순하다. 당신이 고객에게 충분한 가치를 제공하지 못하고 있기 때문이다.

3장 전체를 관통하는 첫 번째 킹핀은 명확하다. 고객에게 진정한 가치를 제공할 때 매출이 폭발적으로 증가한다. 영업 KPI에만 집착하는 기업들은 한계에 부딪히지만, 고객의 실제 문제를 해결하는 데 집중한 기업들은 한 달 만에 매출이 두 배로 뛴다. 성공한 기업들은 끊임없이 물었다. "우리 제품이 고객의 어떤 문제를 해결하는가?" 이 단순한 질문이 매출 2배의 출발점이다. 마케팅 메시지든, 영업 스크립트든, 제품 기능이든 모든 것의 중심에 고객 가치가 있을 때 비로소 매출이 폭발한다.

이는 화려한 이론이 아니다. 3장 1절에서 소개된 사례들은 고객 중심 전략으로 월 매출 3억에서 6억으로, 연간 30억에서 60억으로 성장한 기업들의 실제 이야기다. 당신도 할 수 있다.

▣ 킹핀2. CS 강화는 비용 증가라는 통념에서 벗어나면 판매가 폭발

당신은 지금 광고비를 어디에 쏟아붓고 있는가? 단순히 '더 많은 사람'에게 보여주기 위해서라면, 당신은 돈을 버리고 있는 것이다.

두 번째 킹핀은 마케팅의 게임 체인저다. LTV(고객 생애가치) 기반 마케팅. 3장 2절에서 제시된 LTV 계산표는 어떤 고객이 진정한 수익을 가져오는지 정확히 보여준다. 대부분의 기업들이 '빠른 매출'을 위해 무차별적으로 광고비를 소진하지만, 현명한 기업들은 다르다.

LTV 분석을 통해 가치 있는 고객 세그먼트를 찾아내면, 광고비 절반만으로도 수익을 두 배로 늘릴 수 있다. 이것이 3장에서 강조하는 핵심 전략이다. 전환 가능성과 재구매율이 높은 고객군에 집중 투자함으로써 낭비를 줄이고 효율을 극대화하는 것. 똑같은, 아니 더 적은 예산으로 두 배의 성과를 내는 비결이 바로 여기에 있다. LTV는 화려한 용어가 아니라, 당신의 마케팅 ROI를 근본적으로 바꾸는 실용적인 도구다.

▣ 킹핀3. 단기 영업 전략은 과감하지만 지표 중심으로 설계하라

"한 달 만에 매출 2배"라는 목표가 비현실적으로 들린다면, 당신은 '한계 사고'에 갇혀 있는 것이다. 3장 3절과 4절이 보여주듯, 이미 고객 가치와 LTV 기반 마케팅을 실행 중인 기업에게는 '조금만 더 뛰면' 기하급수적 성장이 가능하다. 그 '조금 더'란 무엇인가? CS 비용을 10% 줄여 신규 고객 유치에 재투자하거나, 영업 스크립트를 재설계해 전환율을 15% 높이는 것과 같은 작지만 강력한 변화다. 이런 미세한 조정이 시스템 전체에 증폭되어 매출이 곱셈 수준으로 폭증하기 시작한다.

4절의 "CEO 즉시 실행 체크포인트"는 이 모든 것을 현실화하는 실용적인 도구다. 이를 통해 현장 피드백을 즉시 반영하고, 끊임없이 개선하는 사이클을 만들 수 있다. 이 지속적인 개선이 폭발적 성장을 유지하는 비결이다.

▣ 진짜 폭발적 성장의 공식

3장의 핵심 메시지는 단순하면서도 강력하다. 고객 가치에 집중하고, LTV 분석으로 자원을 최적화하며, 끊임없이 '조금 더' 개선하라. 이 세 가지가 결합할 때, 한 달 만에 매출 2배라는 목표는 허황된 꿈이 아닌 달성 가능한 현실이 된다. 성공한 기업들이 보여주는 패턴은 명확하다. 그들은 고객의 진짜 문제를 해결하는 데 집중했고, 마케팅 예산을 가치 있는 고객에게 집중했으며, 작은 개선을 통해 기하급수적 성장을 이끌어냈다. "조금 더 뛰면 기하급수 성장"이란 공식은 현실에서 검증되었다. 3장의 사례들이 증명하듯, 이 킹핀을 실행에 옮긴 기업들은 실제로 한 달 만에 매출을 두 배로 늘렸다.

당신의 기업도 할 수 있다. 지금 바로 고객 가치에 집중하고, LTV를 분석하고, 끊임없이 개선해나가라. 그리고 폭발적인 매출 성장의 증인이 되어라.

Chapter.4

기업가치 10배 증폭 비법
: IPO·M&A 승률
높이는 브랜딩

기업가치를 단숨에 열 배로 높이는 데는 탄탄한
브랜딩과 디지털 평판이 출발점이 된다. 효과적인
언론·SNS 노출로 "왜 우리 회사인가?"를 증명하면,
해외진출과 투자 유치도 놀라울 만큼 수월해진다.

투자자 심리공략 IPO·투자유치· 해외진출 승부의 핵심 요소

1

▣ 숫자를 넘어선 기업 가치의 본질

"매출 50% 증가가 전부가 아니었습니다. 투자자들은 '3년 뒤를 어떻게 보장하느냐'를 묻더군요."

AI 기반 패션 커머스 플랫폼 Z사의 K 대표가 첫 투자 미팅에서 부딪힌 냉혹한 현실이다. 6개월 만에 매출 50% 증가라는 인상적 성과표를 들고 갔지만, 투자자들의 반응은 뜻밖이었다. "당신 회사의 진짜 강점은 뭔가요?", "3년 후 시장에서 어떤 포지션이 될 거죠?" 등 장기적 비전과 시장 내 독보성을 묻는 질문이 쏟아진 것.

이 경험은 경영의 본질에 관한 깊은 통찰을 제공한다. 표면적으로는 수치와 데이터가 지배하는 투자 세계에서, 실제 의사결정은 미래에 대한 이야기와 확신에 기반한다는 역설을 보여준다. 우리는 종종 경영을 '숫자의 게임'으로 단순화하지만, 실제로는 인간의 심리적 판단과 직관이 그 이면에서 작동하고 있다.

K 대표는 이 경험을 통해 투자자들은 단순 숫자가 아니라 "이야기"를 갈망한다는 사실을 깨달았다. 그는 브랜딩·PR 전략을 재구성해 "데이터 기반 패션 커머스 플랫폼"이라는 명확한 포지셔닝을 완성했고, 예상보다 2.5배 높은 기업가치를 인정받았다.

이 사례는 단기 성과+장기 비전의 결합이 투자자 심리에 어떤 강력한 영향력을 행사하는지 보여준다. 투자 결정은 표면적으로는 합리적 분석에 기반하지만, 깊은 층위에서는 미래에 대한 확신과 비전에 의해 좌우된다는 것이다.

IPO를 통한 성장 전략

1. 브랜딩과 PR이 기업가치에 미치는 결정적 영향

∴ 실질적 이점

단순 재무지표 외에 "왜 우리 회사가 특별한가"를 담은 스토리를 제시하면, 투자 유치 시 기업가치가 3배까지 오를 수 있다. 소프트웨어 기업 H사는 이 방법으로 업계 평균보다 2.7배 높은 밸류를 받았다.

이는 단순한 미화나 과장이 아닌, 인간 의사결정의 심층적 메커니즘을 반영한 결과다. 인지심리학에서는 인간이 복잡한 의사결정을 할 때 '이야기 구조'를 통해 정보를 처리하는 경향이 있음을 보여준다. 수치와 데이터는 중요하지만, 그것들을 의미 있는 패턴으로 조직하는 것은 결국 '스토리'의 역할이다.

∴ 투자자 심리의 이중 구조 이해하기

투자자들은 "합리적 분석(재무제표, 지표)"과 "직관적 판단(미래 성장 가능성, 독보적 포지션)"을 동시에 사용한다. 겉으론 재무 데이터를 꼼꼼히 보지만, 실제로는 '미래 시장에서 어떤 역할을 할지'가 핵심 관심사다.

이러한 이중 구조는 행동경제학의 '이중 처리 이론(dual process theory)'과 일치한다. 인간은 느리고 분석적인 '시스템 2'와 빠르고 직관적인 '시스템 1'을 병행하여 판단한다. 투자자들이 재무제표를 분석하는 것은 '시스템 2'의 작동이지만, 최종 결정에는 직관적인 '시스템 1'의 영향이 크게 작용한다. 기업 가치 평가에서 이 두 시스템의 조화를 이해하는 것이 핵심이다.

∴ 투자자 심리의 두 차원

1. 명시적 관심
   - 매출, 이익, 성장률, 시장 점유율 등 정량 지표
   - 이는 '티켓 투 플레이(ticket to play)'에 가깝다 : 기본적인 자격 요건
2. 암묵적 관심
   - 독특한 기업 문화, 시장 내 차별화, 미래 적응력, 경영진 비전
   - 이는 진정한 의사결정 요소로, 투자자가 '왜 당신 회사인가'를 결정하는 핵심

이 두 차원 간의 관계는 복잡하지만, 한 가지 분명한 패턴이 있다. 명시적 지표가 일정 수준을 넘으면, 암묵적 요소가 투자 결정과 기업 가치 평가에서 더 큰 영향력을 발휘하기 시작한다.

∴ 사례 연구 : 지속가능 솔루션 S사의 포지셔닝

- 연간 성장률 10%로 재무적으론 평범
- "AI 기반 지속가능 솔루션"이라는 포지셔닝
- 단순 "지금 얼마나 성장?"보다 "미래 시장을 어떻게 이끌?" 것이라는 내러티브 제공
- 비슷한 재무성과 경쟁사 대비 2.5배 높은 기업가치 평가

S사의 사례는 평범한 숫자를 특별한 이야기로 변환한 전형적 예시다. 10%의 성장률은 그 자체로는 인상적이지 않지만, 이를 '지속가능성 시장의 미래 리더'라는 큰 그림 속에 위치시킴으로

써 완전히 다른 평가를 이끌어냈다. 이는 단순한 포장이 아니라, 기업의 본질적 가치를 더 정확히 전달하는 과정이었다.

2. 브랜딩·PR을 통한 투자자 신뢰 확보 전략

∴ 사례 연구 : 헬스케어 기업 D사의 브랜딩 전환

- 매출 15% 성장 → 재무적으로는 그저 그런 중소기업?
- "글로벌 헬스케어 혁신 기술"이라는 브랜드 스토리 + 전문가 증언, 검증 데이터 체계적 제시
- 처음 예상보다 30% 높은 투자금 유치

D사의 브랜딩 전환은 '프레이밍(framing)' 효과의 탁월한 예시다. 같은 성과도 어떤 맥락에서 제시되느냐에 따라 완전히 다른 평가를 받을 수 있다. 15%의 성장률은 '중소기업 성장'이라는 프레임에서는 평범해 보이지만, '글로벌 헬스케어 혁신'이라는 프레임에서는 중요한 지표가 된다. 이는 단순한 과장이 아니라, 기업의 진정한 가치를 가장 적절한 맥락에서 조명하는 작업이다.

∴ 투자자 신뢰 구축을 위한 4단계 전략

1. 보도자료·미디어 노출
- 객관적 성장 지표 + 사회적 가치를 함께 강조
- 업계 트렌드와 연결된 전문성 입증

이 단계는 '사회적 증명(social proof)'의 원리를 활용한다. 독립적인 제3자(미디어)를 통한 검증은 자체 주장보다 훨씬 강력한 설

득력을 갖는다. 특히 정량적 지표와 정성적 가치를 함께 제시할
때 그 효과가 극대화된다.

2. CEO 인터뷰·오피니언 리더십

- 단순 현황 보고가 아닌 "미래를 어떻게 이끌 것인가"에 초점
- 업계 독특한 관점·통찰력 제시

리더십 브랜딩은 기업 브랜딩의 중요한 확장이다. 특히 창업
자나 CEO가 산업의 미래에 대한 독창적 비전을 제시할 때, 회사
의 가치 평가는 크게 상승한다. 이는 '타고난 능력'이 아니라, 체
계적으로 개발하고 강화할 수 있는 전략적 자산이다.

3. SNS·온라인 평판 관리

- 투자자들은 공식 발표 외에도 고객·시장 반응을 중시
- 긍정적 시장 검증 근거로 활용

디지털 시대의 투자자들은 '공식 자료'에만 의존하지 않는다.
그들은 SNS, 리뷰, 온라인 토론 등을 통해 회사의 실제 평판과
영향력을 다각도로 확인한다. 이러한 '비공식 정보'가 때로는 공
식 IR 자료보다 더 강력한 영향을 미치기도 한다.

4. 투자자 대상 맞춤형 스토리텔링

- 단기 성과 → 장기 비전으로 내러티브 확장
- 투자자 유형별 관심사에 맞춘 차별화 접근

모든 투자자가 같은 동기와 관심사를 가진 것은 아니다. 전략

적 투자자, 재무적 투자자, 임팩트 투자자 등 투자자 유형에 따라 중점을 두는 가치가 다르며, 이를 정교하게 파악하고 맞춤화된 접근을 할 때 진정한 공감을 이끌어낼 수 있다.

∴ 실행 팁

투자자 미팅 전 반드시 준비해야 할 세 가지:

- 3~5년 뒤 시장 변화에 대한 독자적 견해
- 우리만의 독특한 접근이 어떻게 작동하는지의 근거
- 궁극적으로 혁신하려는 시장 문제는 무엇인지 → 이 세 요소를 일관된 이야기로 엮어라.

이 세 가지 요소는 투자자의 근본적인 질문인 "왜 당신 회사인가?"에 대한 답변의 뼈대를 형성한다. 중요한 것은 이 요소들이 분절된 주장이 아니라, 하나의 일관된 이야기로 통합되어야 한다는 점이다. 인간의 뇌는 개별 데이터보다 연결된 이야기를 더 잘 기억하고 가치를 부여한다.

3. 해외 진출 시 브랜딩·PR의 중요성

해외 시장에선 국내 성공이 자동 보장되지 않는다. 현지 언어·문화에 맞게 기업 가치·강점을 재해석해야 한다.

해외 진출은 단순한 지리적 확장이 아니라, 기업 정체성의 문화적 번역 과정이다. 국내에서 효과적이었던 메시지와 가치 제안이 다른 문화권에서는 전혀 다른 의미로 해석될 수 있다. 이는 단순히 언어를 바꾸는 문제가 아니라, 깊은 문화적 맥락과 현지 시장 역학을 이해해야 하는 복잡한 과정이다.

∴ 해외 진출 브랜딩의 핵심 원칙

- 현지 언어·문화에 맞춘 메시지 재구성
- 글로벌 일관성 vs. 로컬 적합성의 균형
- 국내 성공사례의 전략적 현지화

이 원칙들은 '글로컬라이제이션(glocalization)'의 철학을 반영한다. 브랜드의 핵심 정체성은 유지하면서도, 현지 문화적 맥락에 민감하게 적응하는 균형이 필요하다. 이는 미묘하고 복잡한 작업이지만, 성공적인 해외 진출의 결정적 요소다.

∴ 사례 연구 : G뷰티 브랜드의 아시아 진출

- 동남아 시장 공략 시, 한국 마케팅 전략 복제 대신 현지 소비자 고민·문화적 맥락을 반영
- 한국에서의 성공을 증명 자료로 쓰되, 현지 인플루언서와 협업해 로컬화
- 진출 3개월 만에 목표 매출의 250% 달성

G사의 성공은 문화적 민감성과 현지 적응력의 중요성을 보여준다. 그들은 한국에서의 성공을 자랑하는 대신, 그 성공의 본질적 요소를 추출하여 현지 맥락에 맞게 재구성했다. 이는 '한국 브랜드'라는 정체성을 유지하면서도, '우리는 당신(현지 소비자)을 진정으로 이해한다'는 메시지를 효과적으로 전달한 사례다.

∴ 단기 성과와 브랜딩·PR의 선순환

챕터3에서 배운 LTV 기반 단기 성과 전략은, 브랜딩을 통해 '장기 비전'으로 확장될 때 기업가치 상승으로 이어진다. 이는 단순히 병렬된 활동이 아니라, 서로를 강화하는 선순환 구조다.

이 통찰은 단기 성과와 장기 비전을 대립적으로 보는 전통적 관점을 뛰어넘는다. 실제로는 이 둘이 상호 강화하는 역동적 관계에 있다. 단기 성과는 장기 비전의 현실성을 입증하는 증거가 되고, 강력한 장기 비전은 단기 성과에 더 큰 의미와 가치를 부여한다.

∴ 선순환의 3단계

1. 데이터 기반 단기 성과 (3개월 내 가시적 결과)
   * 이는 신뢰와 실행력의 기반을 마련한다
2. 브랜딩·PR로 성과 의미화 + 미래 스토리 확장
   * 단기 성과가 더 큰 이야기의 일부로 재맥락화된다
3. 강화된 브랜드 가치가 신규 고객 유치·직원 동기부여 재촉진
   * 이는 다시 더 강력한 단기 성과로 이어진다

이 선순환은 단순한 이론이 아니라, 실제 성공 기업들에서 반복적으로 관찰되는 패턴이다. 포인트는 '이야기'와 '증거'가 서로를 강화할 때 기업 가치의 기하급수적 상승이 가능하다는 점이다.

∴ 핵심 메시지

잘 만든 단기 성과 지표(매출 50%↑ 등)가 미래 성장에 대한 설

득력 있는 스토리로 발전하면, 기업가치는 10배 뛰기도 한다. 이는 단순 과장이 아닌, 투자자들의 심리적 가치 평가 메커니즘에 기반한 현실적 가능성이다.

이 핵심 메시지는 '단기 성과'와 '미래 비전'의 통합적 관계를 강조한다. 이는 단순한 기술적 조합이 아니라, 투자자 심리의 근본적 작동 방식에 부합하는 접근법이다. 우리의 뇌는 개별 데이터보다 의미 있는 패턴을 찾도록 설계되어 있으며, 성과 지표와 미래 비전이 유기적으로 연결될 때 진정한 가치 인식이 이루어진다.

▣ Before & After : 투자 유치 접근법의 변화

∴ 변화 전

- 단기 매출·재무제표만 강조
- 투자자 질문 "그 외 강점?"에 당황
- 업계 평균 수준 기업가치
- 투자 유치 과정이 길고 힘듦

∴ 변화 후

- 재무성과 + 장기 비전 합친 통합 스토리
- 투자자 심리 고려한 차별화 브랜딩
- 업계 평균 대비 2~3배 높은 가치 평가
- 더 많은 투자자 관심 + 효율적 유치

이 전환은 단순한 전술적 변화가 아니라, 기업가치의 본질에 대한 근본적 관점 전환을 의미한다. '변화 전' 접근법은 기업을 재무 지표의 집합으로 보는 기계적 관점이었다면, '변화 후' 접근법은 기업을 미래를 향한 여정으로 보는 유기적 관점이다. 이는 투자자들이 실제로 의사결정을 내리는 방식에 더 부합한다.

▣ 결론 : 숫자+스토리의 강력한 결합

투자 유치, IPO, 해외 진출은 단순 '사업 확장'이 아니라, 기업 정체성과 가치를 재정의하는 변곡점이다. 여기서 브랜딩·PR은 장식이 아니라, 기업 본질적 가치를 투자자 심리에 각인시키는 전략적 도구다.

이 관점은 브랜딩과 PR을 '마케팅 부서의 일'로 한정하는 전통적 시각을 뛰어넘는다. 기업의 가치 인식은 결국 심리적 과정이며, 이 심리적 과정을 효과적으로 이해하고 다루는 것은 모든 사업 영역에서 핵심적 역량이 되어야 한다. 특히 투자자, 해외 시장, 신규 고객과 같은 새로운 관계를 구축할 때 이 능력은 더욱 중요해진다.

▣ 핵심 실행 체크리스트

1. 우리 기업만의 차별화 포인트 3가지 명문화
2. 재무성과와 미래 비전 연결하는 핵심 내러티브 구성
3. 투자자가 자주 묻는 5가지 질문에 대한 설득력 있는 답변 마련
4. 주요 보도자료·미디어 노출 계획 수립

5. CEO 오피니언 리더십 강화를 위한 콘텐츠 전략 준비

◼ 기대효과

- 투자자 미팅 긍정 반응 70%↑
- 투자 유치 소요 시간 40% 단축
- 기업가치 평가 업계 평균 대비 1.5~3배 상승

단기 매출 성과는 투자자 유치의 필수조건이지만, 충분조건
은 아니다. 진정한 기업가치 상승의 열쇠는 성과를 미래에 대한
확신으로 연결해 주는 브랜딩과 스토리텔링의 힘에 있다.

언론·SNS로 기업가치 10배 높이는
강력한 노출 전략

▣ 말의 힘 : 인식이 현실을 만드는 순간

"보도자료 한 장으로 투자유치액이 1.5배 늘었다고요?"

헬스테크 스타트업 K사의 대표는 처음엔 우스갯소리로 들었다. 하지만 실제로 벌어진 일이었다. 한 장의 보도자료가 주요 IT·경제 전문지 30여 곳에 기사화되면서, 투자자들 사이에서 "AI 헬스케어 혁신 기업"이라는 평판이 확립됐기 때문이다. 단 2주 만에 K사는 당초 목표의 1.5배 투자금을 유치했다.

이 사례는 단순한 행운이나 우연의 결과가 아니다. 현대 경영에서 가장 중요하지만 자주 간과되는 진실을 보여준다. 객관적 현실만큼이나 중요한 것이 '인식된 현실'이라는 점이다. 투자자들의 마음속에서 K사는 2주 만에 '평범한 헬스케어 스타트업'에서 '혁신적 AI 헬스케어 선도기업'으로 변모했다. 그리고 이런 인식의 변화가 실제 투자유치액이라는 물질적 결과로 이어졌다.

이 사례가 말해주는 것은, 공신력 있는 매체의 보도가 기업 가치에 직접 영향을 미친다는 사실이다. 중요한 건 거대 마케팅 예산이나 화려한 광고가 아니라, 기업 이야기를 설득력 있게 전달하는 방법이다.

여기서 우리는 브랜딩과 PR의 본질을 발견한다. 그것은 '꾸미기'나 '과장'이 아니라, 기업의 본질적 가치와 비전을 가장 효과적으로 전달하는 '번역 작업'인 것이다.

기업 신뢰성과 브랜드 가치 구축

1. 언론 보도자료 : 대형 광고보다 강력한 신뢰의 원천

∴ 실질적 이점

전략적 보도자료 하나만으로 언론·투자자를 동시 사로잡아, 기업가치를 2배 이상 끌어올릴 수 있다. T소프트웨어는 이 방법으로 M&A 과정에서 처음 예상보다 2.3배 높은 인수가를 달성했다.

이는 과장이 아닌 현대 디지털 환경의 실제 역학을 반영한다. 정보가 넘쳐나는 시대에 투자자들은 '신뢰할 수 있는 필터'를 통과한 정보에 특별한 가치를 부여한다. 언론은 바로 그런 필터 역할을 한다.

∴ 보도자료가 갖는 신뢰의 심리학

보도자료의 힘은 '제3자 효과(Third-party Effect)'에 있다. 기업이 직접 자신을 광고하는 것보다, 언론이라는 객관적 채널이 정보를 전하는 듯한 이미지에서 훨씬 높은 신뢰가 생긴다.

인간의 심리는 독특한 방식으로 정보를 평가한다. 우리는 본능적으로 '자기 이익이 없는 제3자'가 전달하는 정보를 더 객관적이고 신뢰할 수 있다고 판단한다. 언론을 통한 보도는 정보에 '검증의 레이어'를 더하는 효과가 있다. 이는 마치 신뢰할 수 있는 친구가 직접 추천한 제품을 더 가치 있게 여기는 것과 같은 심리적 메커니즘이다.

∴ 성공적 보도자료의 3가지 핵심

1. 뉴스 가치 명확화
   - "왜 지금 이 소식이 중요한가?"를 명쾌히 강조

- 시장 트렌드나 사회적 흐름과 연결하여 맥락화
2. 데이터 기반 신뢰성
- 구체적 수치·검증 가능한 정보를 담아 진정성 높이기
- 독자가 '이것은 단순한 주장이 아니라 사실이다'라고 느끼게 만들기
3. 인간적 요소 포함
- 단순 비즈니스 정보 넘어, 스토리를 담아 사람들의 공감 유도
- 숫자만큼이나 중요한 것은 그 숫자가 의미하는 '인간적 가치'

이 세 가지 요소가 균형을 이룰 때, 보도자료는 단순한 정보 전달을 넘어 설득력 있는 '이야기'가 된다. 저널리스트들이 기사화하고 싶은 충동을 느끼게 되는 것이다.

∴ 사례 연구 : M&A 추진 기업 T소프트웨어
- M&A 직전, "AI 혁신으로 글로벌 협업 가능성 입증" 보도자료 배포
- 업계 트렌드·미래 시장 가능성을 분석한 전문적 시각 포함
- 주요 기술·경제지가 기사화 후, 투자자들이 T소프트웨어를 "단순 국내 솔루션 → 글로벌 확장 가능 기업"으로 재평가
- 결과 : 2.3배 높은 인수가로 거래 성사

T소프트웨어의 사례는 '프레이밍'의 힘을 극명하게 보여준다. 그들이 한 일은 사업 자체를 완전히 바꾼 것이 아니라, 동일한

비즈니스를 '더 큰 맥락'에서 해석하도록 만든 것이다. 이는 마치 같은 그림이라도 프레임을 바꾸면 완전히 다른 인상을 주는 것과 같다. 그들의 기술과 비즈니스 모델은 그대로였지만, 그것을 바라보는 '렌즈'가 변화했고, 그 렌즈를 통해 본 가치 평가가 2.3배나 상승한 것이다.

∴ 실천 가이드 : 투자자를 사로잡는 보도자료 구성법

언론이 주목할 만한 보도자료 4단계:

1. 강력한 헤드라인
   - 업계 트렌드+기업 혁신 연결, 25자 내외 임팩트 문구
   - 헤드라인은 '문'이다 : 이 문을 통과해야만 본문을 읽게 된다
2. 주목할 리드 문단
   - 가장 중요한 정보와 '왜 중요한지'를 60단어 내 요약
   - 기자들은 종종 이 부분만 읽고 기사화 여부를 결정한다
3. 검증 가능한 데이터
   - 구체적 성과·의미를 수치로 설명
   - 주장이 아닌 '사실'을 제시하여 신뢰성 구축
4. 인용구 전략적 활용
   - CEO·전문가 직접 멘트로 전문성과 비전 부각
   - 인용문은 '인간적 목소리'를 더해 공감대를 형성한다

∴ 실행 팁

보도자료 배포 전, "이 내용이 투자자에게 어떤 메시지를 줄

까?" 꼭 생각하라. 언론은 단순 홍보 채널이 아니라, 투자자 인식을 형성하는 강력한 도구다. 특히 금융·기술·산업 전문지를 우선 타기팅하면 효과적.

우선순위 설정이 중요하다. 모든 매체에 동일한 자료를 보내는 '산탄총 접근법'보다, 기업의 산업군과 관련된 특화 매체에 집중하는 '저격수 접근법'이 더 효과적이다. 그들의 독자층이 바로 당신이 영향을 미치고자 하는 핵심 이해관계자일 가능성이 높기 때문이다.

2. SNS 위기관리 : 순간 실수를 기회로 바꾸는 역설

어떤 회사라도 SNS발 위기 한 번에 수년치 공든 탑이 무너질 수 있다. 작은 오해나 실수가 순식간에 확산되어 기업 평판에 큰 타격을 입힌다.

디지털 시대의 역설 중 하나는, 기업 평판의 취약성이 전례 없이 높아졌다는 점이다. 과거에는 기업 평판이 전통 미디어와 입소문을 통해 천천히 형성되었지만, 지금은 단 하나의 트윗이나 인스타그램 포스트가 수백만 명에게 시간차 없이 전달될 수 있다. 이는 놀라운 기회인 동시에 무서운 위험이기도 하다.

∴ 위기관리의 황금 시간대 : 24~48시간

위기 발생 후 첫 1~2일 내에 투명하고 진정성 있는 대응을 하면, 기업 신뢰도가 상승하는 역설적 기회가 될 수 있다.

이 '황금 시간대'는 뇌과학적으로도 설명이 가능하다. 인간의 뇌는 초기 충격 후 24~48시간 내에 사건에 대한 해석과 감정적 반응 패턴을 형성하는 경향이 있다. 이 시간 동안의 정보와 소통이 장기적인 인상 형성에 결정적 영향을 미친다. 따라서 위기 발생 초기의 대응이 전체 위기관리 성패를 좌우한다고 해도 과언이 아니다.

∴ 성공적 위기대응 3단계

1. 신속 인정 + 공감
   - 문제를 부정/축소 말고, 즉각적으로 인정 + 사용자 감정에 공감
   - "우리의 실수입니다"라는 인정은 방어적 태도보다 훨씬 효과적이다

2. 명확 해결책 제시
   - 구체적·실행 가능한 개선안 즉시 공개
   - 추상적 약속이 아닌, 검증 가능한 행동 계획을 제시한다.

3. 후속조치 투명히 공개
   - 약속한 내용을 실제로 어떻게 이행 중인지, 꾸준히 알림
   - '약속-이행' 사이클을 완성함으로써 신뢰 회복의 고리를 만든다.

이 3단계 프레임워크는 단순해 보이지만, 위기 상황에서 감정적으로 반응하기 쉬운 인간 심리를 고려할 때 실행하기 쉽지 않다. 그러나 이 단계를 충실히 따르면, 역설적으로 위기가 신뢰를 강화하는 기회로 전환될 수 있다.

∴ 패션 이커머스 P사의 예

- 제품 품질 논란 SNS 확산
- 24시간 내 CEO가 직접 사과 영상 + 전액 환불 + 품질관리
  개선 계획 발표
- 소비자들 사이에서 오히려 "고객 중심 기업"이라는 긍정
  이미지 생성
- 3개월 후 신규 고객 유입 26% 상승

P사의 사례는 '회복력(resilience)' 브랜딩의 좋은 예시다. 이는
실수 자체보다 그에 대한 대응 방식이 더 결정적일 수 있음을 보
여준다. 완벽한 기업은 존재하지 않지만, 실수를 인정하고 더 나
은 방향으로 발전하겠다는 의지를 보여주는 기업은 오히려 더
깊은 신뢰를 얻을 수 있다. 이는 대인관계에서도 마찬가지다. 오
류가 없는 사람보다 오류를 인정하고 개선하는 사람에게 더 깊
은 신뢰를 느끼는 것이 인간의 본성이다.

3. 스타 마케팅 : '필수'가 아닌 선택적 전략

∴ 핵심 포인트

스타 마케팅은 기업가치를 10배로 높일 수 있는 촉매제지만,
브랜드 정체성과 일치가 중요하다. 유명 연예인이 없어도, 업계
전문가나 저명 투자자를 통한 '대안적 인플루언스'가 더 효과적
일 수 있다.

이는 특히 중소기업과 스타트업에게 중요한 통찰이다. 유명

연예인을 활용한 마케팅은 강력하지만, 천문학적 비용을 수반한다. 또한 연예인의 이미지가 기업의 정체성과 불일치할 경우 오히려 혼란을 줄 수 있다. 진정한 브랜딩은 '가장 비싼' 것이 아니라 '가장 적합한' 방법을 찾는 과정이다.

∴ 스타 없이도 가능한 대안적 인플루언스 구축

연예인 대체 가능한 3가지 영향력 소스 :

1. 업계 전문가
- 전문성 기반 신뢰는 때론 연예인 파워보다 강렬
- 소비자들에게 '즐거움'보다 '지식'을 제공하는 브랜드에 특히 효과적
2. 저명 투자자
- 유명 VC나 엔젤의 승인 = 시장에 강한 신호 효과
- 투자자들은 동료 투자자의 판단을 중요한 참고점으로 삼는다
3. 콘텐츠 크리에이터
- 특정 니치 분야에 영향력 큰 유튜버나 인플루언서
- 마이크로 인플루언서의 추종자들은 연예인 팬보다 훨씬 높은 신뢰와 참여도 보임

이 대안적 인플루언스들은 단순히 '비용 효율적 대안'이 아니라, 특정 맥락에서는 메가 스타보다 더 강력한 영향력을 발휘할 수 있다. 이들의 파워는 '도달 범위'가 아닌 '신뢰의 깊이'에서 비롯된다.

∴ B2B 소프트웨어 기업 R사의 성공

- 유명 연예인 대신, 실리콘밸리 저명 투자자 자문위원 영입 + 적극 PR
- "시장 신뢰성" 확보, 글로벌 기업 협업 기회 창출
- 연예인 광고보다 훨씬 핵심 고객층에게 호소력 발휘

R사의 사례는 '타기팅된 인플루언스'의 중요성을 보여준다. B2B 소프트웨어 시장에서 연예인의 영향력은 제한적일 수밖에 없다. 반면, 업계 내 존경받는 투자자의 지지는 의사결정자들에게 직접적인 신뢰 신호로 작용한다. 이는 '누구에게 보여주느냐'가 '무엇을 보여주느냐'만큼 중요하다는 마케팅의 기본 원칙을 다시 한번 확인시켜준다.

4. 통합 전략 : 시너지 효과의 극대화

규모가 작은 기업도 단일 채널이 아닌 통합적 접근을 하면, 놀라운 시너지가 발생한다. 여러 채널이 일관된 메시지를 뿌리면, 효과가 배가된다.

통합적 접근의 힘은 '신경망 효과'에서 비롯된다. 사람들이 여러 채널을 통해 일관된 메시지를 반복적으로 접하면, 그 메시지는 단순 합산 이상의 영향력을 갖게 된다. 각 채널은 서로를 강화하고 검증하는 역할을 하며, 이는 마치 여러 개의 약한 실이 모여 강한 밧줄을 이루는 것과 같다.

∴ 사례 연구 : C커머스의 통합 전략

- 신생 이커머스 플랫폼 C커머스
- 중견 인플루언서와 "미래 쇼핑 혁명" 캠페인 + 동시에 보도자료 뿌림
- SNS 캠페인으로 소비자 관심, 보도자료로 투자자·비즈 파트너 주목
- 2주 만에 비상장 주식 가치 65% 상승

C커머스 사례는 '서로 다른 청중을 위한 맞춤형 접근'의 중요성을 보여준다. 그들은 소비자와 투자자라는 두 다른 청중에게 동일한 근본 메시지를 전달하되, 각 청중의 관심사와 언어에 맞게 조정했다. 이런 다층적 접근법은 모든 이해관계자들에게 기업의 가치 제안을 효과적으로 전달하는 데 핵심이다.

∴ 자주 묻는 질문 (FAQ)

Q : "SNS에서 사소한 악플·루머까지 전부 대응해야 하나요?"

A : 일일이 대응은 비효율적. 대신 다음을 권장 :
1. 초기 모니터링 + 사실관계 확인
2. 언급을 "경미 / 중간 / 치명적" 레벨로 분류
3. 치명적 이슈는 즉각 대응, 중간 수준은 패턴 관찰 후 대응, 경미는 모니터링만

단, SNS 특성상 작은 불씨가 큰 불길로 번지기 쉽기에 모니터링은 철저히.

이 질문은 디지털 시대의 중요한 딜레마를 드러낸다. 모든 부정적 언급에 대응하는 것은 불가능하고 비효율적이지만, 무시하는 것 역시 위험하다. 핵심은 '분류와 우선순위화'에 있다. 모든 불만을 동등하게 취급하는 것이 아니라, 잠재적 영향력에 따라 차별화된 대응을 하는 전략적 접근이 필요하다.

▣ Before & After : PR 전략의 진화

∴ 변화 전

- 산발적·반응적 홍보
- SNS를 단순 마케팅 채널로만 인식, 위기대응 체계 없음
- 고비용 유명인 마케팅에만 의존
- 각 채널 간 메시지 불일치

∴ 변화 후

- 전략적·계획적 보도자료, 언론 관계 구축
- SNS를 쌍방향 소통 + 적극 위기관리 채널로
- 업계 전문가·투자자를 활용한 대안적 인플루언스
- 모든 채널에서 일관된 통합 메시지 전달

이 전환은 단순히 '더 많은 PR 활동'이 아니라, PR에 대한 근본적인 관점 변화를 의미한다. '변화 전' 접근법은 홍보를 단순히 '알리는 것'으로 보는 표면적 이해였다면, '변화 후' 접근법은 기업 내러티브를 전략적으로 관리하는 깊은 통찰에 기반한다.

▣ 결론 : 평판이 곧 기업가치

제품·서비스 품질만으론 기업 가치가 정해지지 않는다. 이를 시장·투자자에게 어떻게 인식시킬지가 더 큰 변수가 된다. 전략적 PR은 단순 홍보가 아니라, 기업 가치를 실제로 올리는 핵심 경영활동이다.

이 결론은 현대 경영의 근본적 패러다임 전환을 반영한다. 과거에는 제품과 서비스의 객관적 품질이 기업 가치의 주요 결정 요인이었다면, 오늘날에는 그 품질이 어떻게 인식되고 해석되는지가 동등하게, 때로는 더 중요하게 작용한다. 이는 단순히 '겉모습'의 문제가 아니라, 복잡한 현대 시장에서 진정한 가치가 어떻게 구성되고 전달되는지에 관한 근본적인 질문이다.

∴ 홍보 시너지 점검 체크리스트

- 보도자료 시나리오와 SNS 캠페인 연동 계획 세우기
- 24(시간)/7(일) SNS 모니터링 + 위기대응 프로토콜 확립
- 통합 커뮤니케이션 일정(언론 간담회·라이브 이벤트 등) 마련
- 투자자 반응 모니터링 + IR 자료 정기 업데이트 체계 구축
- 업계 전문가·오피니언 리더 관계 구축 + 협업 방안 모색

∴ 기대 효과

- 언론 노출 빈도 3배 이상 ↑
- SNS 위기대응 시간 70% 단축, 부정 여론 확산 90% ↓
- 투자자 미팅 성사율 40% 향상, 기업가치 평가 1.5~3배 상승

평판은 눈에 보이지 않는 무형자산이지만, 적은 비용으로도

큰 가치를 창출한다. 때로는 '보도자료 한 장'이나 'SNS 위기관리 매뉴얼' 하나가 수십억 원짜리 광고보다 강력한 영향력을 발휘하기도 한다.

　이 장의 핵심은 '인식의 경제학'에 있다. 현대 경영에서 기업의 가치는 그것을 어떻게 바라보는가에 따라 극적으로 달라진다. 작은 보도자료 하나, 위기에 대한 현명한 대응 하나가 기업의 가치를 배가시킬 수 있다는 사실은, 경영의 본질이 단순한 생산과 판매를 넘어 '의미 창출'에 있음을 일깨운다. 이제 기업은 단순히 제품이나 서비스를 만드는 것이 아니라, 그것들의 의미와 가치에 대한 이야기를 만들고 전파하는 일에 동등한 중요성을 부여해야 한다.

CEO 디지털 평판이 투자유치에 미치는 결정적 영향력

▣ 보이지 않는 가치의 힘 : CEO 이미지의 무형 자산화

"벤처캐피털은 우리의 기술보다 먼저 CEO의 링크드인·SNS부터 살피더군요."

이는 K테크의 CEO가 스타트업 투자유치 과정에서 뜻밖에 깨닫게 된 현실이었다. 세 곳의 VC와 미팅한 뒤, 투자자들이 CEO의 소셜미디어 활동, 온라인 인터뷰, 심지어 구글 검색되는 이력까지 철저히 분석한다는 사실을 알게 된 것.

이러한 경험은 K테크 CEO에게 단순한 놀라움을 넘어 깊은 통찰을 제공했다. 디지털 시대에 우리의 온라인 흔적은 단순한 '자취'가 아니라 의도적으로 구축해야 할 '정체성의 확장'이 되었다. 과거에는 CEO의 평판이 주로 대면 미팅과 업계 소문을 통해 형성되었지만, 이제는 디지털 공간에서의 존재감이 그 이상의 영향력을 행사한다.

　이는 단순 '개인 호감도' 문제가 아니다. CEO의 디지털 평판은 기업의 미래 비전, 실행력, 시장에서의 영향력을 가늠하는 핵심 지표로 작용한다.

　투자자들이 CEO의 디지털 족적을 면밀히 추적하는 것은 그 안에서 기업의 미래를 예측할 수 있는 실마리를 찾기 때문이다. 그들에게 CEO의 온라인 활동은 내일의 수익 곡선을 그려볼 수 있는 일종의 '결정적 증거'가 된다.

CEO 평판이 기업에 미치는 영향

1. CEO 평판이 기업 가치에 미치는 감춰진 영향력

∴ 실질적 이점

　투자자들에게 CEO는 단순히 '회사의 얼굴'을 넘어 '미래 가치의 보증인'으로 여겨진다. 긍정적 CEO 평판은 기업가치를 최대

1.8배까지 높이는 효과가 있고, K테크는 CEO의 전략적 SNS 활동 덕에 투자유치 시 당초 예상보다 2.2배 높은 기업가치 평가를 받았다.

이러한 수치적 상관관계는 우연이 아니다. 하버드 비즈니스 스쿨의 연구에 따르면, CEO 평판은 회사 주가에 최대 45%까지 영향을 미칠 수 있다. 특히 스타트업과 중소기업에서는 그 영향력이 더욱 두드러진다. 규모가 작은 기업일수록 CEO의 개인적 역량과 비전이 기업의 미래와 직결되기 때문이다.

∴ 투자자 심리 속 CEO 평판의 세 가지 차원

1. 비전·전문성
- 업계 트렌드 통찰 + 미래 방향성 제시
- 현재를 뛰어넘어 '내일'을 그려낼 수 있는가?

2. 실행력·일관성
- 과거 성취·약속 이행 기록
- 말한 것을 실제로 해내는 '실천의 증거'가 있는가?

3. 네트워크·영향력
- 업계 관계망, 시장 영향 범위
- 문제 해결에 필요한 자원과 관계를 동원할 수 있는가?

이 세 차원은 투자자의 의사결정 과정에서 때로는 명시적으로, 때로는 암묵적으로 작용한다. 투자자들은 '이익 창출 가능성'만큼이나 '누가 이끄는가'를 중요하게 평가한다. 특히 불확실성이 높은 시장일수록 이러한 경향은 더욱 강화된다.

∴ 사례 연구 : K테크의 CEO 평판 전환 전략

- 뛰어난 기술력에도 초기 평가 저조 → 원인은 'CEO의 온라인 존재감 부재'
- 6개월간 다음 실행 :
  - 링크드인 주 2회 산업 트렌드 분석 글 발행
  - 매월 1회 업계 전문지 인터뷰
  - 분기별 1회 업계 컨퍼런스 발표
- 결과 : '비전 있는 산업 리더' 이미지 형성 → 기업은 목표 투자액의 2.2배를 유치

K테크 CEO의 변화는 표면적으로는 단순해 보이지만, 그 이면에는 깊은 전략적 사고가 있었다. 그는 단순히 '더 많이' 보이는 것을 목표로 하지 않았다. 대신 '어떻게 보일 것인가'에 초점을 맞췄다. 각 플랫폼과 채널에 맞춰 차별화된 메시지를 일관되게 전달했고, 산업의 미래에 대한 통찰력을 진정성 있게 공유했다. 이는 단순한 노출이 아닌 가치 있는 '생각 리더십(thought leadership)'을 구축하는 과정이었다.

∴ 평판 구축의 미묘한 균형점

CEO 평판은 '과시'가 아니라 '진정성'이 핵심. 투자자들은 무분별한 자기홍보보다, 일관된 전문성과 솔직한 통찰력에 높은 가치를 부여한다.

∴ 세 가지 균형 :

1. 전문성 vs. 인간미
   - 딱딱한 전문가가 아닌, 공감과 열정을 가진 리더
2. 자신감 vs. 겸손함
   - 확신을 주되 과도한 자만을 보이지 않는 섬세한 경계
3. 비전 제시 vs. 현실적 실행력
   - 큰 그림을 그리되, 발은 땅에 단단히 디딘 균형감

이 미묘한 균형점을 찾는 것은 매우 섬세한 작업이다. 자신감 없는 겸손함은 무능으로, 현실성 없는 비전은 허황된 꿈으로 보일 수 있다. 반면 적절히 균형 잡힌 CEO 이미지는 투자자에게 '함께 성공할 파트너'라는 확신을 심어준다.

2. 임직원 커뮤니케이션이 곧 대외 이미지가 되는 메커니즘

∴ 핵심 통찰

CEO가 사내에서 보여주는 소통 방식은 직원들을 통해 외부로 전파되어, 결국 투자자 인식까지 좌우한다. 내부 소통의 질이 외부 평판의 진정성을 결정한다.

디지털 시대의 아이러니 중 하나는, 가장 '사적인' 소통이 종종 가장 '공적인' 평판을 형성한다는 점이다. CEO가 회의실에서 직원들과 나누는 대화, 위기 상황에서 보이는 태도, 평범한 일상 속 결정들이 모여 '진짜' 평판을 구축한다. 아무리 세련된 PR 활동도 임직원의 실제 경험을 넘어서는 평판을 창출할 수 없다.

∴ 내부→외부로 확산되는 평판 경로

직원들은 CEO를 가장 가까이서 보고, 이를 외부(온라인 플랫폼·지인 네트워크)에 퍼뜨린다. 그들이 공유하는 CEO에 대한 인상은 공식 PR보다 더욱 강력한 신뢰를 낳기도 한다.

내부 커뮤니케이션이 외부 평판으로 전환되는 세 가지 경로

1. 직원들의 소셜미디어 활동·후기
   - 그들의 자발적 공유는 '진짜' 내부 모습을 보여주는 창
2. 취업 플랫폼에 남기는 회사/CEO 평가
   - 글래스도어 같은 플랫폼은 투자자들의 필수 참고자료
3. 네트워킹 이벤트·업계 모임에서의 구전 효과
   - 비공식적 대화가 종종 공식 자료보다 강력한 영향력 발휘

디지털 시대에는 이러한 경로들이 즉각적으로, 그리고 광범위하게 정보를 전파한다. '벽이 있는 회의실'이라는 개념은 사실상 사라졌다고 봐도 무방하다. 모든 내부 소통은 잠재적으로 외부에 공개될 수 있다는 전제로 접근해야 한다.

∴ 사례 연구 : R소프트웨어의 내부 소통 혁신

- 매주 30분 "오픈 타운홀" 미팅 도입
- CEO가 직접 참여해 질문에 솔직히 답변 → 회사 내부 투명성 ↑
- 직원들이 자발적으로 SNS·취업 플랫폼에 긍정 후기 남김
- 실사 중 투자자들이 "정말 좋은 사내 문화"라며 높은 신뢰

표시

R소프트웨어의 사례는 단순한 소통 채널 개설이 아니라, 소통의 '질'에 대한 혁신이었다. '오픈 타운홀'의 진정한 가치는 30분이라는 시간이 아니라, 그 시간 동안 이루어지는 솔직한 대화의 깊이에 있었다. CEO가 어려운 질문에도 진정성 있게 답변하고, 모든 직급의 직원들이 자유롭게 의견을 나눌 수 있는 심리적 안전감이 형성되었다. 이런 문화적 변화가 자연스럽게 외부로 전파되어 기업 전체에 대한 신뢰로 이어졌다.

3. SNS 계정 운영과 위기대응 : 미세한 차이가 만드는 큰 결과

CEO의 SNS 활동은 단순 마케팅이 아니라, 리더십 철학·비전을 나타내는 무대다. 미묘한 어조·접근법 차이 하나가 투자자 신뢰에 결정적 영향을 끼칠 수 있다.

소셜미디어는 그 특성상 우리의 언어적, 비언어적 커뮤니케이션을 증폭시킨다. 대면 소통에서는 눈치채기 어려운 미묘한 뉘앙스와 어조의 차이가 디지털 환경에서는 강한 인상을 남긴다. 따라서 CEO의 SNS 활동은 단순한 '콘텐츠 게시'가 아니라 섬세한 '자기표현의 예술'에 가깝다.

∴ CEO 개인 SNS의 전략적 균형
효과적 CEO SNS 3요소:
1. 전문성

- 업계 트렌드·미래 전망에 대한 인사이트 제공
- 단순 정보 공유가 아닌, 해석과 의미 부여가 핵심

2. 인간미
- 개인 가치관·일상 공유로 진정성 표현
- 완벽한 모습보다 진실된 고민과 성장 과정이 더 공감 얻음

3. 일관성
- 불규칙 posting 말고, 정기적·예측 가능한 소통 패턴
- 지속성이 신뢰를 구축하는 기반이 됨

이 세 요소는 균형 잡힌 배합이 중요하다. 전문성만 강조하면 딱딱한 인상을, 인간미만 보이면 전문가로서의 권위가 약화될 수 있다. 또한 일관성 없는 소통은 어떤 메시지도 효과적으로 전달하지 못한다. 가장 효과적인 CEO SNS 전략은 이 세 요소를 유기적으로 통합하는 것이다.

∴ 실행 팁

SNS마다 특성이 다르다.
- 링크드인 : 전문성·비즈니스 통찰
- 트위터 : 시의성·반응형 소통
- 인스타그램 : 기업 문화·비하인드 스토리 각 플랫폼 특성 맞춰 차별화 필요.

각 플랫폼은 서로 다른 '사회적 맥락'을 가지고 있으며, 이를 무시한 소통은 종종 불협화음을 낳는다. 마치 다양한 자리에서 적절한 복장을 갖추는 것처럼, 각 플랫폼에 맞는 '디지털 에티켓'

과 소통 방식을 개발하는 것이 중요하다. 이는 단순한 기술적 문제가 아니라 사회적 지능의 영역이다.

∴ 임직원 SNS 관리와 위기 예방

CEO뿐 아니라, 임직원 SNS도 기업 평판에 영향. 위기 상황에서 부주의한 직원 발언이 대형 문제로 번질 수 있다.

디지털 시대에는 모든 직원이 잠재적인 '기업 대변인'이다. 특히 위기 상황에서는 한 명의 부주의한 발언이 전체 위기 대응 전략을 무력화할 수 있다. 그러나 지나친 통제는 오히려 역효과를 낳을 수 있으므로, 균형 잡힌 접근이 필요하다.

효과적 임직원 SNS 가이드라인 3요소 :

1. 명확히 "하지 말 것" + "기대되는 행동" 구분
2. 긍정적 참여 독려 (회사 소식 공유, 전문성 발휘)
3. 위기시 내부 보고 체계 확립

이상적인 임직원 SNS 정책은 '제한'보다 '임파워먼트'에 초점을 맞춘다. 직원들이 자신의 전문성과 열정을 표현하며 기업의 긍정적 측면을 자연스럽게 공유할 수 있도록 지원하는 것이 장기적으로 더 효과적이다.

∴ 자주 묻는 질문 (FAQ)

Q : "CEO SNS를 PR팀이 대신 작성해도 될까요?"

A : 메시지 검토·전략 설정은 PR팀이 할 수 있지만, CEO 본인 어조와 개성이 살아있지 않으면 '진정성'을 잃기 쉽다. 게다가 투자자들은 대필된 듯한 말투 vs. CEO 본인의 목소리를 구별해낸다.

이상적 접근 : CEO가 핵심 콘텐츠 작성, PR팀이 편집·최적화 지원.

이 질문은 디지털 시대의 중요한 딜레마를 반영한다. 효율성과 품질 관리를 위해 대필을 고려하는 것은 자연스럽지만, 투자자들은 점점 더 세련되게 '진짜 목소리'와 '가공된 메시지'를 구분할 수 있게 되었다. 가장 효과적인 접근법은 CEO의 실제 생각과 언어를 기반으로 하되, 전문가의 도움을 받아 정제하는 협업 모델이다.

▣ Before & After : CEO 평판 전략 변화

∴ 변화 전
- SNS 활동 부재 or 일관성 없는 참여
- 내부 커뮤니케이션과 외부 이미지 단절
- 평판 위기에 사후 대응 중심
- CEO 이미지를 기업 가치와 별개로 봄

∴ 변화 후
- 전략적·일관적 온라인 존재감 구축
- 사내 소통 문화가 외부 평판으로 자연스럽게 확장
- 선제적 평판 관리 + 위기 예방 시스템

- CEO 평판을 핵심 자산으로 관리

이 변화는 단순한 전술적 조정이 아니라 평판에 대한 근본적인 패러다임 전환을 나타낸다. '변화 전' 접근법은 CEO 평판을 '해야 할 일'의 하나로 보는 부수적 관점이었다면, '변화 후' 접근법은 이를 전략적 자산으로 인식하고 체계적으로 관리하는 통합적 시각을 반영한다.

◉ 결론 : 디지털 평판은 곧 기업가치

CEO의 디지털 평판은 이제 부가적 요소가 아니라, 기업 가치에 직접 반영되는 무형 자산이다. 특히 투자유치·성장 단계에서, 투자자들은 기술·시장 기회만큼이나 "누가 이끄는지"를 본다. 진정성 있는 CEO 평판은 단순 홍보 효과를 넘어, 투자자 신뢰와 기업가치 평가를 좌우하는 핵심 변수로 작동한다.

이러한 인식의 전환은 현대 경영의 본질에 대한 깊은 통찰을 제공한다. 디지털 시대의 비즈니스는 단순한 제품이나 서비스의 거래를 넘어, 가치와 비전에 대한 신뢰를 거래하는 활동이 되었다. 이 신뢰의 중심에는 기업을 대표하는 CEO의 디지털 평판이 자리하고 있다.

∴ CEO 평판 관리 체크리스트

1. 주간 SNS 모니터링 + 업계 이슈 코멘트 일정 수립
2. 임직원 SNS 가이드라인 작성·공유 (민감 이슈 내부 보고 체계 포함)

3. 분기별 위기대응 시뮬레이션 진행

4. 팀원들과 "성공·실수 사례" 정기 공유 + 개선

5. CEO 전문성 강화 위한 콘텐츠 캘린더 구성

∴ 기대 효과

- 투자자 미팅에서 CEO 신뢰도 관련 질문 75% 감소
- 업계 전문가 인용·미디어 노출 3배 ↑
- 투자유치 과정에서 기업가치 평가 30~120% 상승
- 우수 인재 지원률 50% 이상 ↑

디지털 시대, CEO는 항상 '온 스테이지'다. 이 무대를 전략적으로 활용하는 리더는 단순 가시성을 넘어, 시장에 미래 가치에 대한 확신을 심어줄 수 있다. 진정성 있게 자신의 목소리를 내고, 일관된 메시지를 전할 때, 투자자들의 신뢰는 자연스레 뒤따른다.

디지털 평판은 '있으면 좋은' 부가적 요소가 아니라, 현대 CEO의 필수적 역량이 되었다. 투자자들이 찾는 것은 단순한 기술이나 시장 기회가 아니라, 그것을 실현할 수 있는 '사람'에 대한 확신이다. 그리고 그 확신은 온라인상의 일관된 행동과 메시지를 통해 형성된다. 결국 디지털 시대의 CEO에게 평판 관리는 단순한 이미지 문제가 아니라, 기업의 가치와 성장 가능성을 결정짓는 핵심 경영 활동인 것이다.

IPO·M&A 기업가치 극대화를 위한 브랜딩 전략

▣ 기업가치 평가의 숨겨진 진실

"재무제표만으론 우리 회사 진짜 가치를 보여줄 수 없어요."

A기업 대표는 투자 미팅 때마다 이 말을 반복했다. 하지만 투자자들 반응은 냉담했다. 그러다 6개월 간의 전략적 브랜딩을 거친 후, 같은 재무제표로 기업가치가 40% 상승했다. 무엇이 달라진 걸까?

이 사례는 기업가치 평가의 역설적 본질을 드러낸다. 우리는 종종 기업가치를 마치 엄격한 수학 공식으로 계산되는 객관적 수치로 여긴다. 하지만 실제로는 숫자 이면에 작용하는 깊은 심리적, 인지적 메커니즘이 존재한다. A기업의 재무적 실체는 변하지 않았지만, 그 실체를 바라보는 '렌즈'가 달라진 것이다.

진정한 기업가치는 숫자 너머에 있다. 재무제표는 과거 이야기일 뿐, 미래 잠재력은 다 담지 않는다. IPO나 M&A 협상에서 고평가를 받으려면, 브랜드 가치를 체계적으로 구축·전달하는 능력이 필수다.

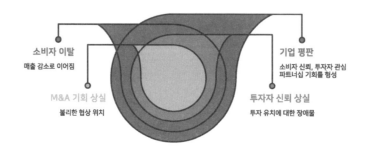

소비자 이탈
매출 감소로 이어짐

기업 평판
소비자 신뢰, 투자자 관심
파트너십 기회를 형성

M&A 기회 상실
불리한 협상 위치

투자자 신뢰 상실
투자 유치에 대한 장애물

기업 평판의 영향

1. 브랜드가 기업가치를 좌우하는 메커니즘

∴ 브랜드 프리미엄의 작동 원리

- 동일 재무성과에도 브랜드 파워로 기업가치가 최대 50% 차이
- 투자자들은 무의식적으로 "브랜드 리스크 할인율"을 적용
- 브랜드 자산이 높은 기업일수록, 경기 침체 시 안정적 평가 받음

브랜드의 영향력은 단순한 '선호도'를 넘어선다. 이는 투자자들의 의사결정 과정에 깊이 스며든 리스크 평가 메커니즘의 일

부다. 강력한 브랜드는 미래 현금흐름의 '안정성'을 상징하며, 이는 직접적으로 할인율(discount rate) 적용에 영향을 미친다. 할인율이 단 1%만 낮아져도 기업가치는 10% 이상 상승할 수 있다.

브랜드의 힘은 불확실성이 높은 환경에서 더욱 강화된다. 기업 내부 정보에 접근하기 어려운 투자자들에게 브랜드는 일종의 '품질 보증'으로 작용한다. 이는 마치 우리가 낯선 지역에서 식사할 때 익숙한 식당 체인을 선택하는 심리와 유사하다. 불확실성 속에서 '알려진 품질'에 프리미엄을 지불하는 것이다.

브랜드 가치의 정량적 영향

평가 요소	브랜드 약한 기업	브랜드 강한 기업
매출 성장률 예측	실제보다 10%↓ 평가	실제보다 15%↑ 평가
위험 프리미엄	+2~3% 추가 적용	-1~2% 할인 적용
투자 협상 기간	평균 6개월	평균 3.5개월
실사(Due Diligence)	매우 높음	상대적 완화

이 표는 단순한 통계 이상의 의미를 갖는다. 이는 브랜드가 어떻게 인간의 인지적 편향에 영향을 미치는지 보여준다. '확증 편향'에 따라, 투자자들은 강한 브랜드를 가진 기업에 대해 긍정적 정보는 과대평가하고 부정적 정보는 과소평가하는 경향이 있다. 반면 약한 브랜드의 기업은 정반대의 평가를 받게 된다.

2. IPO·M&A 직전 브랜드 가치 강화 전략

∴ 단기간 브랜드 파워 강화 핵심 액션

1. 산업 전문성·혁신성 강조 콘텐츠 (전문 매체 기고, 세미나 등)
2. 투자자 관심 키워드 기반 디지털 브랜딩 (SEO, SNS 전략)
3. 핵심 고객사·파트너사의 추천·사례 활용 (제3자 신뢰도)

브랜드 구축은 일반적으로 장기적 과정으로 여겨지지만, IPO 나 M&A를 앞둔 상황에서는 집중적이고 전략적인 접근으로 단기간에도 상당한 효과를 얻을 수 있다. 핵심은 '광범위한 인지도' 가 아닌 '투자자 관점의 신뢰도'에 초점을 맞추는 것이다.

특히 세 번째 요소인 '제3자 신뢰도'는 브랜드 구축에서 가장 강력한 지름길이다. 우리 스스로 말하는 것보다 다른 누군가 가 우리에 대해 말할 때 신뢰도가 급격히 상승하는 '사회적 증명 (social proof)' 원리를 활용하는 것이다.

∴ 브랜드 스토리텔링 구조화 방법

1. 창업자·리더십 스토리 : "왜 이 사업을 시작했는가?"
2. 시장 해결사 스토리 : "어떤 문제를 해결하는가?"
3. 독보적 기술·방법론 : "왜 우리만 할 수 있는가?"
4. 미래 비전 : "어디까지 갈 수 있는가?"

이 네 가지 요소는 단순한 내러티브 구성이 아니라, 인간의 의사결정 심리를 반영한 프레임워크다. 첫 요소는 '동일시'와 '진정성'을, 둘째는 '문제 인식'과 '공감'을, 셋째는 '차별화'와 '독점성'

을, 넷째는 '성장 가능성'과 '비전'을 자극한다. 함께 작용할 때, 이 요소들은 투자자의 다층적 심리에 호소하는 강력한 설득력을 갖는다.

∴ Case Study Box : B사의 예

- 성장세 있었지만 존재감 약했던 B2B 소프트웨어 회사
- IPO 1년 전부터 업계 전문지에 정기 칼럼, 기술 리더십 브랜딩
- 주요 고객사 성공사례 체계적 구축
- 결과 : 동종업계 평균보다 30% 높은 P/E 비율로 IPO 성공

B사의 사례는 '사려 깊은 전략'의 힘을 보여준다. 그들은 '시장 존재감'이라는 추상적 목표를 구체적인 액션으로 변환했다. 특히 주목할 점은 그들이 '대중적 인지도'가 아닌 '업계 내 전문성'에 집중했다는 것이다. 이는 B2B 기업에게 훨씬 효율적인 브랜딩 접근법이다. 그 결과, 투자자들은 B사를 '단순한 소프트웨어 업체'가 아닌 '산업 지식의 원천'으로 인식하게 되었다.

3. 투자자·인수기업을 사로잡는 브랜드 자산화 전략

∴ 무형의 브랜드를 유형화하는 방법

1. 브랜드 가치 정량화 모델 (매출 기여도, 고객 충성도, 신규 유입 등)
2. 지적재산권(IP) 관점 브랜드 보호 (상표·디자인권 등)
3. 개별 고객 LTV에 브랜드 기여도 측정

무형자산을 유형화하는 과정은 단순한 '숫자 붙이기'가 아니라, 브랜드의 실질적 영향력을 체계적으로 증명하는 작업이다. 이는 투자자들이 '느낌'이 아닌 '증거'에 기반하여 브랜드 가치를 인정할 수 있게 한다.

특히 두 번째 요소인 IP 관점의 접근은 종종 간과되지만 매우 중요하다. 법적으로 보호된 브랜드 요소들은 단순한 마케팅 자산을 넘어 실질적인 재산권으로 인정받을 수 있으며, 이는 기업 가치 평가에 직접적으로 반영된다.

∴ 투자자 설득 프레젠테이션에 브랜드 가치 반영

- 정성+정량 지표 균형
- 경쟁사 대비 브랜드 파워 비교
- 미래 성장에서 '브랜드 레버리지' 시뮬레이션

프레젠테이션은 단순한 정보 전달이 아니라 '인지적 프레이밍'의 과정이다. 투자자들이 기업을 어떤 관점에서 바라볼지 결정하는 렌즈를 제공하는 것이다. 효과적인 브랜드 프레젠테이션은 감성적 호소와 논리적 증명의 균형을 맞춰, 투자자의 직관과 분석적 사고 모두에 호소해야 한다.

∴ 투자자가 주목하는 브랜드 가치 지표

- 업계 내 인지도·평판 (서베이 등)
- 고객 충성도·재구매율
- 프리미엄 가격 설정 가능성

- 신규 시장·제품 진출시 브랜드 확장성

투자자들이 주목하는 이 지표들은 단순한 '현재 성과'가 아닌 '미래 가능성'의 예측 변수들이다. 특히 마지막 요소인 '브랜드 확장성'은 핵심적이다. 강력한 브랜드는 새로운 제품이나 시장으로 확장할 때 초기 진입 장벽을 낮추고 성공 확률을 높이는 '전이 효과'를 가진다. 이는 미래 성장 가능성을 본질적으로 높이는 요소로, 투자자들에게 매력적인 가치 제안이 된다.

4. 중소기업도 실행 가능한 브랜드 구축 전략

∴ 자원 제약 상황에서의 브랜드 구축 전술

- 틈새 카테고리에서 1위 전략 (작은 영역에 압도적 존재감)
- 핵심 의사결정자 대상 마이크로 타기팅 (대중 인지도 < 핵심 층 집중)
- 브랜드 스토리 강화 PR 활동 (전문 매체 기고, 업계 행사 연사)

중소기업의 가장 큰 오해 중 하나는 '브랜딩은 대기업의 영역'이라는 생각이다. 오히려 자원 제약은 '집중'의 원칙을 강제함으로써 더 효과적인 브랜딩 전략으로 이어질 수 있다. 작은 영역에서의 깊은 영향력은, 넓은 영역에서의 얕은 존재감보다 훨씬 강력하다.

틈새 카테고리 전략은 단순한 '타협'이 아니라 '전략적 선택'이다. 좁은 영역에서 '1위'라는 포지셔닝은 투자자들에게 강력한 심리적 앵커로 작용한다. '작은 시장의 왕'이라는 지위는 '큰 시장의 평범한 플레이어'보다 훨씬 강한 심리적 임팩트를 준다.

∴ 최소 비용으로 최대 브랜드 효과 내는 방법

- 고객 성공사례 중심 콘텐츠 마케팅
- 임직원 전문가 브랜딩 통해 기업 브랜드 파워↑
- 디지털 채널 선택·집중 (모든 채널 얕게 X, 핵심 채널 깊게 O)

이러한 접근법의 핵심은 '자원 분산'이 아닌 '집중 투자'에 있다. 특히 중소기업은 제한된 자원으로 인해 선택과 집중이 필수적이다. 두 번째 요소인 '임직원 전문가 브랜딩'은 종종 간과되지만, 이는 중소기업의 숨겨진 레버리지 포인트다. 핵심 임직원들이 업계에서 전문가로 인정받게 되면, 그 신뢰와 권위가 자연스럽게 기업 브랜드로 전이된다.

∴ 실행 체크리스트

- 브랜드 핵심 가치·차별점 3가지 명확화
- 투자자/인수 기업이 중시하는 브랜드 지표 식별
- 산업 전문성↑ 위한 월별 콘텐츠 계획
- 주요 고객 성공사례 3개 이상 문서화
- 브랜드 가치 정량화 가능 지표 설정

이 체크리스트는 추상적인 '해야 할 일'이 아니라, 구체적인 행동 지침을 제공한다. 브랜딩은 '멋진 로고'나 '감성적 광고'가 아니라, 체계적인 평판 관리와 가치 구축의 과정이다. 이 접근법은 브랜딩을 명확한 비즈니스 프로세스로 변환하여, 측정 가능한 성과로 이어지게 한다.

Before & After : 브랜드 강화의 실제 효과

	Before	After
기업 소개	"우린 기술 좋아요"식 모호 주장	"제3자 검증 + 데이터로 뒷받침된 스토리"
기업가치 평가	"유사 매출·이익의 경쟁사보다 20% 낮은 평가"	경쟁사 대비 30% 높은 평가
투자자 검증	강도 높고 까다로운 실사	브랜드 신뢰도로 원활한 협상 진행
협상 소요 시간	가격 논쟁에 많은 시간 소모	"가치 기반 협상으로 유리한 조건 신속 확보"

이 표는 단순한 '전후' 비교가 아니라, 기업의 근본적인 포지셔닝 전환을 보여준다. 핵심 변화는 '주장'에서 '증명'으로, '기능' 중심에서 '가치' 중심으로의 전환이다. 이는 단순한 커뮤니케이션 방식의 변화가 아니라, 기업이 시장에서 인식되는 근본적 틀의 재구성이다.

∴ 핵심 요약 & 즉시 실천 가이드

브랜드는 더 이상 마케팅 부서만의 과제가 아니다. IPO·M&A 앞둔 기업에선 브랜드가 그 자체로 협상 카드이자, 기업가치를 30% 이상 높일 전략 자산이 된다. 재무성과가 동일해도, 브랜드 강한 기업이 훨씬 높은 평가·유리 조건의 거래 성사. 중소기업도 자원 제약 속에서 틈새시장 집중·핵심 의사결정층 타기팅·전문성 브랜딩 등을 활용해 효과적인 브랜드 가치를

구축할 수 있다. 브랜드 구축은 IPO나 M&A 준비의 선택이 아닌 필수 과정이다. 지금부터 브랜드 가치 정립에 착수하자.

이 요약은 단순한 '정보 재정리'가 아니라, '행동 촉구'에 초점을 맞춘다. 브랜딩의 중요성을 설명하는 데 그치지 않고, 구체적 방법론과 즉각적 실행의 필요성을 강조한다. 특히 '선택이 아닌 필수'라는 프레이밍은 브랜드 구축을 '미룰 수 있는 과제'가 아닌 '핵심 비즈니스 활동'으로 재정의한다.

∴ 자주 묻는 질문 (FAQ)

Q : "브랜드 구축엔 시간이 오래 걸리는데, IPO가 6개월 남았어요. 이미 늦은 건가요?"

A : 6개월도 충분하다. 오히려 IPO 직전 집중 브랜드 활동이 투자자들 기억에 더 선명히 남는다. 핵심은 '넓게'보다 '깊게'. 산업 전문성 콘텐츠·고객 성공사례 구축에 집중하라.

이 질문은 많은 기업가들의 일반적 우려를 반영한다. 브랜딩에 대한 가장 큰 오해는 '항상 장기적 과정'이라는 생각이다. 하지만 투자자 심리학적 관점에서 볼 때, 단기 집중 브랜딩은 '최신성 효과(recency effect)'를 활용할 수 있다. 인간의 기억은 가장 최근에 접한 정보에 더 큰 가중치를 부여하는 경향이 있어, IPO 직전의 브랜딩 활동은 오히려 더 강한 임팩트를 줄 수 있다.

Q : "작은 B2B 기업인데도 브랜드가 정말 중요할까요?"

A : B2B 기업일수록 브랜드 ROI가 크다. 의사결정자 수가 제한적이므로, 집중 브랜딩이 쉽고, 전문성 기반 브랜드가 더 효과적. 실제로 강한 B2B 브랜드는 약한 브랜드 대비 평균 20% 높은 기업가치 인정받는다.

이 답변은 또 다른 일반적 오해를 교정한다. B2B 기업들은 종종 '우리는 소비자 브랜드가 아니니까'라는 이유로 브랜딩을 간과한다. 그러나 역설적으로, B2B 환경에서는 브랜드의 영향력이 더 클 수 있다. 의사결정자의 수가 제한적이고, 거래 규모가 크며, 관계 기반 비즈니스가 중심이 되기 때문이다. 또한 B2B 구매는 종종 구매자의 개인적 위험(경력 리스크)과 연결되어 있어, '안전한 선택'으로서의 브랜드 가치가 더욱 중요하게 작용한다.

브랜드와 재무는 종종 별개의 영역으로 취급되지만, 실제로는 깊은 상호작용을 통해 기업가치를 형성한다. 다음 장에서는 이 두 영역의 통합적 관점을 통해, 투자자들에게 더욱 설득력 있는 가치 제안을 구성하는 방법을 탐구할 것이다.

브랜드는 숫자로만 환산할 수 없는 가치를 지니지만, 그 가치가 재무적 성과로 이어지는 메커니즘을 이해하고 입증할 때 진정한 기업가치 극대화가 가능해진다. 브랜드와 재무의 시너지는 단순한 1+1=2의 덧셈이 아니라, 전체가 부분의 합보다 큰 1+1=3의 승수 효과를 창출할 수 있다.

스타마케팅 없이 신뢰도 구축하는
미디어전략

▣ 미디어의 숨겨진 힘 : 신뢰도는 기업가치의 배수효과

"언론에 노출만 되면, IR에서 우리 기업 가치가 확 오를까요?"

F기업 대표가 던진 이 질문은 단순해 보이지만, 실제로는 그렇지 않다. F기업은 IPO 준비 6개월 전부터 뉴스레터·SNS 라이브·업계 전문지 기고 등 체계적 미디어 전략을 구사했고, 결과적으로 목표 대비 2.5배 높은 공모가를 형성해 상장에 성공했다.

스타마케팅이나 대규모 광고 없이도 기업의 실체적 가치를 전달하는 전략적 미디어 활용이 기업가치 극대화의 핵심이라는 사실이 드러난 셈이다.

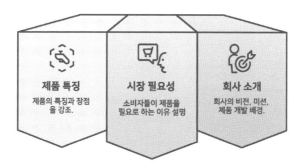

보도자료 유형

1. IPO 준비 기업용 단계별 PR 플랜

∴ 1단계 : 기업 IR 스토리 & 보도자료 구축 (D-180)

핵심 메시지 구성 템플릿

1. 산업 문제점 → 2. 우리 기업의 혁신적 해결책 → 3. 검증된 성과 → 4. 미래 비전
- 데이터사례로 뒷받침되는 '증명 가능한 주장'을 조립한다.

주목받는 보도자료 작성법

- 제목: 25자 이내, "왜 지금 투자해야 하는가" 임팩트 강조
- 업계 동향, 시장 규모·성장률 등 객관적 데이터 포함
- CEO 인용구로 혁신 철학·비전 제시

Case Study: G사의 B2B 솔루션

- "국내 물류비 15% 절감 가능성 입증" → 20개 매체 노출
- 데이터 기반 스토리텔링으로 업계 혁신자 이미지 획득
- 투자유치 미팅 때 기업가치 40% 더 높이 평가

∴ 2단계 : 미디어 노출 & SNS 캠페인 (D-120)

매체별 접근 전략
- 전문/업계 매체 : 기술력·혁신성 부각
- 경제/비즈니스 매체 : 시장 잠재력·성장성 강조
- 지역 매체 : 지역경제 기여·일자리 창출 이슈화

소셜미디어 활용 체크리스트
- LinkedIn : 주 2회 업계 인사이트 (투자자 겨냥)
- YouTube : 월 1회 CEO 비전·기업문화 쇼케이스
- 블로그 : 주 1회 깊이 있는 전문 콘텐츠 발행

TIP
보도자료는 단순 홍보가 아닌 '검증된 정보'를 제공해야 한다. 구체적 수치, 객관적 시장 분석, 전문가 인용이 들어가면 신뢰도↑. 언론은 '뉴스가치'가 있어야 보도한다.

▣ 3단계 : 오프라인 행사 & IPO 설명회 (D-60)
∴ 저비용 고효율 이벤트 전략

- 소규모 전문가 라운드테이블 (10~15명 규모)
- 핵심 고객·파트너사 초청 세미나
- 대학·연구기관 협력 기술 설명회

∴ 이벤트 ROI 극대화

1. 사전·사후 보도자료 → 언론 노출 2회 확보
2. 행사 콘텐츠 재가공 → 디지털 자산(영상·기사 등) 활용
3. 참석자 인터뷰·추천 → 제3자 신뢰 강화

2. CEO 즉시 실행 가이드 : 작지만 강력한 PR 액션

∴ 오늘부터 시작할 수 있는 3가지 핵심 활동

1. 업계 온라인 커뮤니티/포럼에서 전문가로 참여 (주 2회)
2. 관련 업계 기자 3명과 관계 구축 (월 1회 정보 공유)
3. 자사 블로그에 전문성 보여주는 분석 콘텐츠 발행 (월 2회)

∴ PR 효과 측정 대시보드

1. 언론 노출 : 기사 수, 메시지 반영도, 도달 독자 수
2. 디지털 반응 : 웹 트래픽, 문의 증가율, SNS 참여도
3. 투자자 피드백 : 관심도·문의 증가, 평가 기준 변화

경고 : 언론 노출은 일회성 이벤트가 아닌, 지속적 관계 구축이 핵심이다. 3개월 안에 최소 5회 이상 일관된 메시지로 노출돼야 투자자 기억에 각인된다. 단발성 PR은 효과가 제한적이다.

3. 소규모 기업을 위한 맞춤형 PR 전략

∴ 제한된 예산으로 최대 효과 내는 방법

- 틈새 미디어 공략 : 대형 언론보다 업계 전문 매체·뉴스레터 집중
- 스토리 차별화 : 대기업과 달리 '혁신 기업' 서사 구축
- 지역 커뮤니티 기반 : 로컬 스토리 활용한 미디어 노출

∴ 실패하지 않는 PR의 핵심

- 전달 핵심 메시지 3가지로 간단화
- 모든 채널서 일관된 메시지 반복
- 뉴스 가치 있는 '진짜 스토리' 발굴

Before & After : 효과적인 PR 전략 실제 결과

항목	Before	After
보도자료	단발적 배포, 기사화율 낮음	"체계적 미디어 플랜 → 기사화율 80% 이상"
메시지	"우리 기술 좋음" 식 모호 주장	"데이터 기반 스토리텔링으로 신뢰도 확보"
투자자 관심	낮은 인지도·관심	"IR 미팅 전 사전 인지도↑, 협상력 강화"
PR 예산	광고성 기사로 낭비	"전략적 타겟팅 → PR ROI 300%↑"

∴ 자주 묻는 질문 (FAQ)

Q : "PR과 광고 중 IPO에 더 유리한 건 뭔가요?"

A : PR이 압도적 효과를 가진다. 광고는 "우리가 하는 말"이지만, PR은 "제3자가 인정"해주는 느낌이라 신뢰도↑. 투자자들은 자사 광고보다 객관적 언론평가에 3배 이상 높은 가중치를 둔다. 예산이 적다면 광고보다 PR에 집중하라.

Q : "소규모 회사인데, 언론이 관심 가져줄까요?"

A : 규모보다 스토리가 중요하다. 작은 회사라도 (1) 혁신 (2) 검증된 성과 (3) 사회적 가치 중 하나만 명확히 보여주면 언론 관심을 끌 수 있다. 주요 대형 언론이 아니더라도 업계 매체·지역 언론부터 '눈덩이 효과'를 만들어보라.

∴ 핵심 요약 & 결론

기업 가치 상승은 제품·서비스 자체의 품질만으론 부족하다. 이를 시장·투자자에게 어떻게 인식시키는지가 오히려 더 중요한 변수가 된다. 전략적 PR은 단순 홍보를 넘어, 기업 가치를 실질적으로 올리는 핵심 경영활동이다.

스타 마케팅이나 대규모 광고 없이도, 체계적 미디어 전략만으로 공신력과 투자자 신뢰도를 높일 수 있다. "검증된 정보와 스토리"를 일관되게 전달하면, 기업가치 2.5배 상승이라는 목표도 충분히 노릴 수 있다.

∴ '홍보 시너지' 점검 체크리스트

1. 보도자료 시나리오 & SNS 캠페인 연동 계획 수립

2. 24/7 SNS 모니터링 + 위기대응 프로토콜 마련
3. 통합 커뮤니케이션 일정 (언론 간담회·라이브 이벤트 등) 수립
4. 투자자 반응 모니터링·IR 자료 정기 업데이트 체계
5. 업계 전문가·오피니언 리더 관계 구축 + 협업 방안 모색

∴ 기대 효과

- 언론 노출 빈도 3배 이상↑
- SNS 위기대응 시간 70% 단축, 부정 확산 90%↓
- 투자자 미팅 성사율 40%↑, 기업가치 평가 1.5~3배 상승

즉시 실천 : PR과 IR은 별개가 아니다. 기업가치를 실질적으로 높이고 싶다면, 지금부터 PR 기초를 다지고, 스토리를 일관되게 구축하라. 미디어는 강력한 레버리지다. 적절히 활용하면, 적은 예산으로도 스타 없이 높은 신뢰·높은 평가를 얻을 수 있다.

IPO 직전 PR플랜
& 위기대응 5단계

▣ 평판 위기, 기업가치의 운명을 결정한다

"단 한 번의 악플 대응 실수로 회사 평판이 무너졌다."

디지털 시대의 비즈니스 환경에서 기업 평판은 그 어느 때보다 취약해졌다. C기업의 사례는 이를 적나라하게 보여준다. IPO 직전, 제품 결함 이슈가 SNS에 확산되자 침묵으로 일관했고, 결과적으로 공모가는 예상보다 40% 낮게 형성됐으며, 시장 신뢰를 회복하는 데 2년이라는 긴 시간이 필요했다.

반면 D푸드의 접근 방식은 근본적으로 달랐다. 식품안전 논란에 즉각 사과하고 투명한 대책을 발표함으로써 48시간 내에 위기를 잠재웠을 뿐만 아니라, "책임감 있는 기업"이라는 평가를 얻어 투자자 신뢰도가 상승하는 역설적 결과를 만들어냈다.

이처럼 위기는 모든 기업에 찾아온다. 진정한 차이점은 "어떻게 관리하느냐"에 있다. 위기 자체보다 위기를 다루는 방식이 기업의 미래를 좌우한다.

소규모 비즈니스 성장 전략 공개

1. SNS 악플·이슈 대응 5단계 매뉴얼

∴ 위기관리가 기업가치에 미치는 영향

- 적절한 대응 : IPO·투자 유치 시 기업가치 유지 또는 상승한다.
- 부적절한 대응 : 기업가치 30~50% 하락, 투자 논의 무산 사례가 다수 존재한다.

위기관리의 경제적 가치는 숫자로 명확하게 드러난다. 적절한 대응은 단순히 피해를 최소화하는 데 그치지 않고, 오히려 기업의 미래 가치를 높이는 기회가 될 수 있다.

∴ 5단계 위기대응 프로세스

1. 모니터링·인지 (1~6시간)

- 주요 SNS·커뮤니티·댓글 모니터링 체계를 구축한다.
- 핵심 키워드 알림(기업명, CEO명, 제품명)을 설정한다.
- 이슈 발생 시 보고 체계(담당자→CEO 직보)를 가동한다.

2. 사실관계 확인 (6~12시간)

- 주장 내용이 사실인지 각 부서(CS, 개발, 영업 등)를 통해 검증한다.
- 내부 자료·증거를 수집한다.
- 유사 사례·법적 리스크를 검토한다.

3. CEO·임원 결정 (12~24시간)

- 대응 필요성과 수준(무대응/개별대응/공식대응)을 결정한다.
- 메시지 핵심 방향성을 설정한다.
- 대응 채널 및 발표자(CEO vs 담당자)를 정한다.

4. 공식 대응·사과·해명 (24~36시간)

- 명확하고 투명한 메시지를 전달한다.
- 진정성 있는 사과(필요시) 또는 사실관계 해명을 한다.
- 구체적 개선책·후속조치를 약속한다.

5. 사후 재발 방지·모니터링 (36~48시간+)

- 약속한 개선책 이행을 공유한다.
- 이슈 해소 여부를 지속 모니터링한다.
- 내부 회고 및 매뉴얼을 개선한다.

이 5단계 프로세스의 핵심은 시간의 개념을 명확히 하고, 각 단계별 책임자와 행동 지침을 구체화하는 데 있다. 위기 상황에서는 시간이 곧 가치다.

대응 속도 & 기업가치 상관관계

대응 시간	기업가치 영향	투자자 인식
24시간 내 대응	거의 없음 또는 상승	"책임감 있는 기업"
48시간 내 대응	일시적 하락 후 회복	"대응 가능한 기업"
72시간 이상	최대 30% 하락	"리스크 큰 기업"
미대응/부적절 대응	30~50% 하락	"투자 재고 대상"

∴ 대응 속도 & 기업가치 상관관계

위 표가 보여주듯, 대응 속도와 기업가치 사이에는 명확한 상관관계가 존재한다. 특히 주목할 점은 24시간 내 대응이 기업가치에 미치는 긍정적 영향이다. 이는 단순한 위기관리를 넘어 적극적인 기업가치 방어 전략이라고 볼 수 있다.

2. 위기유형별 맞춤 대응 전략

∴ 제품·서비스 결함 위기

- 신속·투명 인정이 핵심이다. (은폐는 치명적이다)
- 명확한 보상 + 개선책을 제시한다.
- CEO가 직접 메시지를 전달하면 신뢰도 회복 효과가 상승한다.

제품 결함은 기업의 핵심 가치와 직결되는 위기다. 이때 가장 위험한 유혹은 '문제를 축소하거나 숨기고 싶은 마음'이다. 그러나 역설적으로, 결함을 인정하고 투명하게 대응할수록 소비자와 투자자의 신뢰는 오히려 강화된다.

∴ 임직원 비윤리 행위 위기

- 즉각적 내부 조사 + 투명한 조치를 한다.
- 재발 방지 위해 시스템 개선을 약속한다.
- 피해자 중심 접근(사과 + 보상)을 한다.

임직원의 비윤리 행위는 조직 문화에 대한 의문을 불러일으키며, IPO 준비 기업에게는 특히 치명적일 수 있다. 개인의 문제를 넘어 시스템적 접근으로 재발 방지책을 마련하는 것이 핵심이다.

∴ 허위정보·악의적 공격

- 감정적 대응은 절대 금지하고, 차분한 해명에 집중한다.
- 법적 대응은 최후 수단으로 활용한다(과도한 위협은 역효과를 가져온다).
- 믿을 만한 제3자 검증을 활용한다.

허위정보나 악의적 공격에 대응할 때 가장 위험한 함정은 감정적 대응이다. 이는 상대의 의도대로 끌려가는 결과를 초래한다. 차분하게 사실관계를 정리하고, 가능하다면 신뢰할 수 있는 제3자의 검증을 활용하는 것이 효과적이다.

∴ **Case Study : E기업의 위기 극복**

- IPO 준비 중 경쟁사의 악의적 루머에 직면했다.
- 48시간 내 5단계 대응을 가동했다.
- CEO가 SNS로 투명하게 해명 + 객관적 데이터로 사실관계를 정리했다.
- 주요 투자자에게 별도 설명회로 상황을 공유했다.
- 루머는 잦아들었고 '투명 소통 인상적'이라는 평가를 얻어 IPO에 성공했다.

E기업의 사례는 위기가 어떻게 기회로 전환될 수 있는지를 보여준다. 단순히 위기를 '관리'하는 데 그치지 않고, 이를 통해 기업의 투명성과 대응 역량을 입증함으로써 투자자들에게 오히려 긍정적인 인상을 남긴 것이다.

3. CEO가 주도해야 하는 이유

∴ **소규모 기업일수록 CEO 역할 결정적**

- 의사결정 속도·일관성을 확보한다.
- 조직 전체의 위기대응 역량을 강화한다.
- 투자자에게 책임감 있는 리더십 인상을 남긴다.

조직 규모가 작을수록 위기 상황에서 CEO의 역할은 더욱 중요해진다. 대기업처럼 전담 부서가 없는 상황에서, CEO는 위기관리의 핵심 축이 되어야 한다. 이는 단순한 업무 분담의 문제가 아니라, 리더십의 문제다.

∴ CEO 구체적 역할

- 신속 최종 판단(대응 여부·수준·메시지)을 내린다.
- 중대 사안일 땐 직접 메시지를 전달한다.
- 진정성·책임감을 표현한다(회피·변명 말고 정면 돌파).

위기 상황에서 CEO는 단순한 의사결정자를 넘어 기업의 얼굴이 된다. 특히 IPO를 앞둔 기업에서 CEO의 대응 방식은 기업의 가치와 직결된다. 투자자들은 제품과 재무제표만큼이나 리더십의 품질을 중요하게 평가한다.

∴ CEO 즉시 실행 체크포인트

오늘부터 가능한 위기대응 준비 :

- 기업·제품·CEO 관련 SNS 모니터링(무료 알림 툴)을 설정한다.
- 위기상황별 1페이지 대응 시나리오(제품·임직원·허위정보)를 준비한다.
- 대응 결정권자·보고체계를 명확화한다(누가, 얼마나 빨리).
- 사과·해명문 기본 템플릿을 준비한다(상황별 맞춤 수정).
- 주요 이해관계자(투자자, 파트너, 고객) 별도 소통 계획을 수립한다.

위기관리 시스템은 복잡할 필요가 없다. 오히려 너무 복잡하면 실행력이 떨어진다. 위의 5가지 체크포인트는 즉시 실행 가능한 현실적인 준비 사항들이다.

경고 : 첫 대응이 향후 위기 전개를 결정한다. 감정적 반응, 책임회피, 과도한 약속은 금물이다. 투자자들은 위기 자체보다

CEO의 대응 역량을 더 중시한다.

Before & After : 위기대응 시스템 실제 효과

	Before	After
위기 발생 시	즉흥·감정적 대응	5단계 프로세스로 일관된 대응
메시지 혼선	담당자별 제각각 발언, 혼란	CEO 주도 명확 메시지 전달
대응 지연	이슈 확산 + 기업가치 타격	"24~48시간 내 신속 대응, 피해 최소화"
투자자 신뢰	상실 & 협상력 약화	""책임감 있는 경영"으로 신뢰도 상승, IR 협상 유리"

위기대응 시스템의 도입 전후 비교는 그 효과를 명확히 보여준다. 단순한 위기 피해 최소화를 넘어, 협상력과 신뢰도 향상이라는 긍정적 결과까지 이끌어낼 수 있다.

∴ 핵심 요약 : 위기는 예측 불가, 대응은 설계 가능

IPO·투자유치 준비 기업에겐 평판이 핵심 자산이다. 디지털 시대엔 사소한 이슈도 빠르게 퍼져 기업가치에 치명적 타격을 줄 수 있다. 하지만 잘 설계된 위기대응 시스템으로 48시간 내 적절히 대응하면, 오히려 기업의 책임감·투명성을 보여줄 기회가 된다.

소규모 기업이라 해도, CEO가 주도하는 5단계 매뉴얼을 실행하면, 어떤 위기 속에서도 기업가치를 지키고 투자자 신뢰를 얻을 수 있다. 위기대응은 더 이상 선택이 아닌, IPO·투자유치 성공의 필수 역량이다.

∴ 자주 묻는 질문 (FAQ)

Q : "작은 회사라 PR팀이 없는데, 어떻게 준비해야 하나요?"

A : 규모보다 시스템이 중요하다. CEO·핵심 임원 1~2명만
으로도 5단계 프로세스를 돌릴 수 있다. 무료 SNS 모니
터링 툴을 쓰고, 미리 작성된 대응 템플릿을 구비하면,
PR팀 없이도 충분히 대처 가능하다. 꼭 필요하면 외부
PR 전문가와 자문 계약해 중요한 순간만 도움받는 방법
도 효율적이다.

▣ 끝맺음

위기는 언제든 찾아온다. 제대로 대비한다면, 위기가 곧 기회
가 될 수 있다. IPO 직전에 작은 이슈 하나가 기업가치를 수십%
흔들 수도 있지만, 체계적인 대응이 뒷받침되면 투자자들에게
"이 기업은 안정적인 리더십과 투명성을 갖췄다"는 인상을 남길
수 있다.

48시간 안에 맞춤형 액션을 취하는 것이 기업 운명을 가르는
열쇠다. 지금 이 순간, 당신의 기업은 준비되어 있는가?

CHAPTER4. 핵심요약
《투자자를 사로잡는 숨겨진 가치 증폭 시스템 : 킹핀 3가지》

▣ 킹핀1. 브랜딩 실패는 투자유치와 기업 생존에 직접적 치명상

4장을 관통하는 첫 번째 킹핀은, 브랜딩 전략이 IPO나 M&A 성패를 좌우한다는 사실이다. 3장의 마케팅&영업 혁신이 단기 매출을 만드는 데 집중했다면, 4장은 회사 자체의 가치를 어떻게 높이느냐에 집중한다. 여기서 단순히 매출 수치만으로는 부족하다. 투자자들이 가장 먼저 보는 건 "이 회사가 얼마나 일관된 브랜드 이미지를 갖고 있고, 시장과 대중에게 신뢰를 주고 있느냐'다. 어떤 회사가 내부적으로는 탄탄한 기술과 성장세를 갖고 있어도, 브랜드 인지도나 신뢰도가 형편없다면 IPO 때 시장에서 외면받는다. 반대로, '브랜딩'을 전략적으로 구축해 "이 회사의 미래는 명확히 그려지고 있으며, 대중과 투자자를 설득할 스토리를 잘 갖췄다"는 이미지를 만들면, 상당히 유리한 조건으로 상장이나 인수 협상을 진행할 수 있다.

▣ 킹핀2. 디지털 평판은 곧 기업가치의 복리증식 기능을 한다

두 번째 킹핀은, 언론 보도자료와 언론관계(PR)가 투자자·시장 신뢰를 일거에 끌어올리는 강력한 무기라는 뜻이다. 3장의 1~4절이 고객 가치와 LTV 기반의 매출 극대화를 다뤘다면, 4장에서는 그 성과를 대외적으로 어떻게 알리고 신뢰도를 극대화하느냐에 초점을 둔다. 언론이 기업 혁신이나 기술 강점을 기사화하면, 투자자들은 "이미 시장에서 인정받는 회사"라고 판단해, 협상 테이블에서 좋은 조건을 제시한다. 여기서 핵심은 '자기자랑'을 넘어서 "이 회사의 이야기와 혁신이 사회나 업계에 어떤 의미가 있는지"를 드러내는 것이다. 적절한 시점에 기사화된 스토리는 무수한 광고보다 훨씬 큰 영향력을 행사한다. 즉, "언론을 효과적으로 활용하는 PR 전략이 곧 투자자 확보로 이어진다"는 경험칙이 4장 전반에 걸쳐 강조된다.

▣ 킹핀 3. 언론 노출, SNS 전략 등 PR 채널 다각화가 10배 성장을 견인

마지막 킹핀은, 4장 4절의 'CEO 즉시 실행 체크포인트'와 맞물려 있는 메시지다. 예컨데 SNS에서 작은 악플이나 문제가 터졌을 때 신속하고 투명하게 대응하면, 오히려 "책임감 있고 제대로 된 회사"라는 평판을 얻을 수 있다. 평판이 좋아지면 고객은 안심하고 제품을 구매하고, 투자자·협력사도 장기 파트너로 맺길 원한다. 반대로, 브랜딩에 실패하거나 언론·SNS 대응이 늦어지면 한순간에 수십억, 수백억 원의 기업가치가 사라질 수도 있다. 평판 관리가 단순 이미지가 아니라, 실제 매출과 기업가치에 직결된다는 점을 4장은 거듭 강조한다. 결국, 3장의 단기 매출 성장 노하우에 4장의 브랜딩·PR 전략이 더해져야만, 기업이 원하는 IPO·M&A 가치 10배 상승을 현실화할 수 있다. 그리고 그 출발점이 바로 "브랜딩과 평판 관리에 있어서 한순간도 방심하지 말라"는 4장의 핵심 경고이자 조언이다.

Chapter.5

흔들림 없는
기업방어체계와
100년 기업 설계도

어떤 위기에도 흔들리지 않는 생존력을 완성하려면, 법무·재무·조직관리 전반을 아우르는 '방어 체계'가 필수다. 여기에 장기 비전을 결합하면 1년 뒤가 아니라 백년 후까지도 지속될 경쟁력을 갖출 수 있다.

법무팀 없는 중소기업용
위기관리 시스템 구축법

1

▣ 단 1시간의 준비가 회사 생존을 결정한다

"우리 회사엔 법무팀도 CFO도 없는데, 큰 위기가 닥치면 어쩌죠?"

A사 대표의 이 질문은 대부분의 중소기업 경영자들이 가슴 한편에 품고 있는 불안을 정확히 대변한다. 그는 늘 이 불안에서 벗어나지 못했다. 그러나 '비상 시나리오'를 단 1시간 만에 작성하고 핵심 담당자를 미리 지정했을 뿐인데, 실제로 주요 고객사 계약 취소와 자금 위기가 겹쳤을 때 놀라울 만큼 체계적으로 대처할 수 있었다. 2주 만에 위기를 넘기며, 오히려 더 안정적인 사업 구조로 전환하는 계기가 되었다.

위기는 어떤 기업에도 온다. 차이는 준비 여부에 있다. 준비된 기업은 위기를 통해 성장하고, 준비되지 않은 기업은 위기에 무너진다. 이것이 시장에서 살아남는 기업과 그렇지 못한 기업의 가장 근본적인 차이점이다.

위기에서 자원을 효과적으로 활용하는 방법은?

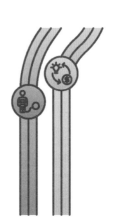

부정적인 사고 버리기

문제 해결을 위한 긍정적인 사고 방식을 촉진합니다.

창의적인 PR전략 채택

적은 자원으로 큰 영향을 미칠 수 있는 혁신적인 접근을 장려합니다.

1. CFO·법무팀 없이도 가능한 위기 대응 시스템

∴ 최소 준비로 최대 효과 내는 원칙

1. 복잡한 매뉴얼 대신, '누가 무엇을 할지' 간단히 정리한 1장짜리 대응표
2. 핵심 위험 3가지만 선정해 집중 관리 (주로 자금, 법적, 인적 위험)
3. 외부 전문가 네트워크로 전담팀 부재 보완

우리는 종종 완벽한 위기관리 시스템을 꿈꾸지만, 실제로는 간결하고 즉각적인 실행 가능성이 훨씬 중요하다. 복잡한 매뉴

얼은 위기 상황에서 오히려 혼란을 가중시킬 뿐이다.

대응 시간	평균 손실 규모	회복 기간
24시간 내	예상 손실의 30%	1~2주
48시간 내	예상 손실의 60%	1~2개월
1주일 이상	예상 손실 100%+	6개월 이상

위기 대응 시간과 손실 관계

위 표가 말해주듯, 위기 대응의 골든타임은 생각보다 짧다. 많은 경영자들이 '상황을 좀 더 지켜보자'는 심리에 빠져 결정적 순간을 놓치고 만다.

∴ 실전 사례 : C제조업체

- CFO 없이도 자금 위기 발생 시 즉시 연락할 외부 전문가 목록, 긴급 자금 확보 시나리오 미리 마련
- 주요 거래처 부도→갑작스러운 현금흐름 위기
- 24시간 내 대응 체계 가동, 2주 만에 대체 자금 확보
- 준비가 없었다면 최소 2개월+α가 걸렸을 상황을 빠르게 돌파

C제조업체의 사례는 평범함 속에 담긴 비범함을 보여준다. 그들이 한 일은 특별하지 않았다. 다만 위기가 오기 전에 '당연히' 해야 할 준비를 했을 뿐이다. 그러나 이런 '당연한' 준비를 실제로 하는 기업은 놀랍도록 적다.

2. "방법이 없다"가 초래하는 악순환과 돌파구

∴ 위기 방치의 실제 비용

- 직접 비용 : 사업 기회 상실, 자금 조달 비용↑, 법적 손실
- 간접 비용 : 직원 사기 저하→ 생산성 30%↓, 핵심 인재 이탈
- 장기 비용 : 회사 평판 악화→ 미래 계약·투자 유치 어려움

우리는 눈에 보이는 직접적인 손실에만 집중하곤 하지만, 실제로는 보이지 않는 간접 비용과 장기 비용이 더욱 치명적이다. 특히 '문제 해결 불가능'이라는 메시지가 조직 내에 퍼질 때 발생하는 무기력은 수치화하기 어려운 막대한 손실로 이어진다.

∴ 악순환 차단을 위한 마인드셋

1. '완벽한 해결책'이 아닌 '현실적 차선책'을 즉시 실행
2. 문제 크기를 줄이는 데 집중 (해결 불가능→관리 가능한 수준)
3. 위기를 학습 기회로 재정의 (다음 대비 시스템 강화)

경고 : CEO가 '방법이 없다'고 말하는 순간, 조직 전체가 포기 모드로 빠진다. 불완전해도 '지금 할 수 있는 일'을 제시하는 게 리더의 핵심 역할이다.

3. 소규모 회사에 맞는 비상 시나리오 작성법

∴ 1시간 만에 완성하는 위기 대응표
1) 자금 위기 시나리오

- 징후 : 운전자금 2개월 이하, 주요 미수금 지연
- 즉시 행동 : 지출 우선순위 재설정, 미수금 회수 가속, 핵심 거래처 협상
- 담당자 : 재무 담당 or CEO 직접
- 외부 자원 : 재무 자문, 정부 지원 프로그램, 금융기관 비상 연락처

2) 법적 위기 시나리오

- 징후 : 계약 분쟁 통보, 특허·지재권 이슈, 규제 위반 가능성
- 즉시 행동 : 관련 문서 확보, 커뮤니케이션 일원화, 대응 방향 결정
- 담당자 : 운영 책임자 or CEO
- 외부 자원 : 자문 변호사, 업종별 규제기관 연락처

3) 인적 위기 시나리오

- 징후 : 핵심 인재 이직, 팀 갈등 심화, 인력 공백
- 즉시 행동 : 1 : 1 면담, 보상 패키지 검토, 핵심 업무 백업 가동
- 담당자 : 인사 담당 or 직속 관리자
- 외부 자원 : 인재 채용 에이전시, 임시 인력 공급처

┌TIP┐

완벽한 대응책 아닌 '최소한의 생존 가이드'를 만든다는 마음.

각 상황별 핵심 조치 3개, 연락처 2~3개만 있어도 큰 혼란 방지.

이 위기 대응표는 완벽함을 추구하지 않는다. 대신 위기 상황에서 생각이 마비될 때 '최소한 이것만은 하자'는 가이드라인을 제공한다. 성공적인 위기 대응은 종종 완벽함보다는 실행 가능성과 신속함에서 비롯된다.

4. 지금 바로 실행할 수 있는 액션 플랜

∴ 오늘부터 시작할 위기 대응 준비
- 자금·법무·인사별 '최악 시나리오' 한 가지씩 정의
- 각 시나리오별 즉시 실행 가능한 3가지 대응책 목록화
- 도움 줄 외부 전문가/기관 2곳 이상 연락처 확보
- 월 1회 '위기 대응표' 점검·업데이트 루틴

∴ 외부 도움 활용 방법
- 정부 지원 프로그램 : 중소기업 컨설팅·법률 지원 적극 활용
- 프리랜서 전문가 : CFO/법무 기능 아웃소싱 (월 10~20시간)
- 동종 업계 네트워크 : 유사 위기 경험 공유, 타 기업 사례 학습

Before & After : 위기 대응 시스템 실제 효과

	Before	After
위기 발생 시	즉흥적 대응, 혼란	"시나리오 기반 신속·체계적 대처"
"방법이 없다"	무력감·포기 분위기	"최소한의 "생존 가이드"로 사기·실행력↑"

"평균 위기 복구 비용"	매출의 15~20%	매출의 5~7%
핵심 인재 이탈	위기 후 30%+ 이탈	"위기 대응력 입증→ 인재 유지율↑"

위의 표가 보여주듯, 위기 대응 시스템의 효과는 단순한 비용 절감을 넘어선다. 이는 기업 문화와 사기, 인재 유지에도 지대한 영향을 미친다. 위기를 통해 조직의 회복탄력성을 보여준 기업은 오히려 직원들의 신뢰와 충성도를 높이는 계기로 삼을 수 있다.

∴ 자주 묻는 질문 (FAQ)

Q : "이미 위기 상황인데, 지금이라도 시스템을 만들면 소용 있나요?"

A : 충분히 의미 있다. 위기는 한 번으로 끝나지 않고, 현재 위기 속에서도 추가 위험이 생길 수 있다. 지금 당장 1시간만 투자해도 손실 20~30% 줄일 수 있고, 다음 위기엔 더욱 효과적 대응 가능. 완벽 기다리지 말고 오늘 시작하라.

Q : "소규모 기업이라 법무·재무 전문가 고용 여력 없어요."

A : 전담 인력 없어도 실행 가능. ① 시간제 자문(월 5~10시간), ② 정부·산업지원 기관의 무료 컨설팅, ③ 임원 중 1명에게 기본 지식 습득 기회를 제공. 무엇보다 '누가 책임지고, 누구에 물어볼지' 명확히 하는 것만으로도 위기 대응 효과↑.

▣ 핵심 요약 : 위기는 준비한 자에게 기회

CFO나 법무팀 없는 중소기업도, 최소한의 위기 대응 체계만 갖추면 생존율을 크게 높일 수 있다. 완벽한 시스템을 기다릴 필요 없이, 지금 1시간 투자로 핵심 위험 3가지 시나리오만 마련해도, 위기시 혼란을 반으로 줄이고 미래 회복탄력성을 키울 수 있다.

이는 단순한 "위기관리"를 넘어, 조직 전체의 회복탄력성과 경쟁력을 높이는 기회다. 우리가 통제할 수 없는 것은 위기의 발생 자체지만, 위기에 대한 우리의 대응은 철저히 통제 가능한 영역이다.

단 1시간의 준비가 회사 생존과 직원들 미래를 결정하는 차이를 만든다. 지금 바로 시작하라.

방법이 없다는 말이
파산 신호인 이유와 돌파구

▣ 단순한 포기가 만드는 눈덩이 효과

"자금 막혀서 이제 방법이 없어…."

이 한마디가 기업의 운명을 결정짓는 순간이 된다. C사 대표
가 뱉은 이 말 한마디에, 회사 분위기는 순식간에 뒤바뀌었다.
직원들은 이력서를 준비하기 시작했고, 거래처에서는 불안한 소
문이 퍼지기 시작했다. 그리고 한 달 뒤, C사는 회생불능 상태로
무너졌다.

경영의 위기에서 말의 무게는 상상 이상으로 크다. CEO의 한
마디는 단순한 감정 표현이 아니라 조직 전체의 방향성을 결정
하는 나침반이 된다. "방법이 없다"라는 말은 단순한 현실 인식
이 아니라 경영자가 암묵적으로 내린 '포기'의 선언인 셈이다.

반면, 비슷한 자금난을 맞은 D사 대표는 완전히 다른 길을 택

했다. 그는 A4 한 장짜리 '위기 대응표'를 꺼냈다. 24시간 내에 투자자와 은행에 연락해 대안을 모색하고, 직원들에게 구체적 행동 지침을 제시했다. 불과 2주 후, 위기를 극복하며 더 견고한 재무구조로 재탄생했다.

두 회사의 차이는? "방법이 없다"라며 체념하는지, '작은 준비 라도 실행'하는지에 있다.

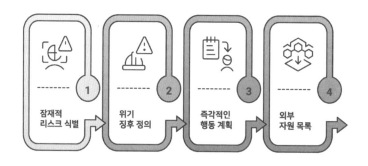

리스크 관리 프로세스

1. "방법이 없다"라는 말이 초래하는 파괴적 연쇄효과

∴ 포기의 도미노 현상

1. 심리적 효과 : CEO의 체념이 24~48시간 내 조직 전체에 퍼진다.

2. 행동적 효과 : 핵심 인재가 이탈 준비 → 생산성 30~50%↓ → 상황 악화

3. **외부적 효과** : 거래처·투자자·은행 신뢰 상실 → 재무 옵
   션 축소

위기 상황에서 CEO의 발언은 단순한 말이 아니라 시스템적 영향력을 갖는다. 마치 도미노처럼 한 영역에서의 포기 선언이 다른 영역으로 연쇄적으로 퍼져나간다. 특히 주목할 점은 이 효과가 객관적 현실보다 훨씬 강력하게 작용한다는 사실이다. 실제 위기의 심각성보다 그 위기를 어떻게 프레이밍하고 받아들이는지가 결과를 좌우한다.

실제 비용 측정			
포기 후 경과	조직 생산성	기업가치 하락	회복 가능성
1주일	-30%	-15%	높음 (80%+)
1개월	-60%	-40%	중간 (50%)
3개월	-80%	-70%	낮음 (20% 이하)

포기의 비용은 시간에 따라 기하급수적으로 증가한다. 특히 주목할 점은 초기 1주일과 1개월 사이의 급격한 하락이다. 이는 초기 대응이 기업 생존에 결정적임을 시사한다. 흥미로운 사실은 여기에 명확한 '티핑 포인트'가 존재한다는 점이다. 약 3~4주 정도가 지나면 위기 회복이 기술적으로는 가능해도 심리적, 조직적으로는 거의 불가능한 단계로 접어든다.

∴ Case Study : E사의 포기와 붕괴

- 매출 50억 E사, 주요 거래처 계약 취소로 자금위기

- CEO는 "CFO법무팀이 없으니 어쩔 수 없다"며 상황을 방치
- 2주 내 우수 개발자 2명 퇴사, 남은 직원은 최소 업무만
- 한 달 뒤 은행이 신용등급 하향, 3개월 만에 폐업 수순
- 충격적 사실 : 실제 부도 금액은 운영자금의 15% 수준에 불과

E사의 사례는 위기의 본질이 외부 상황보다 내부 대응에 있음을 극명하게 보여준다. 실제 재무적 문제(운영자금의 15%)는 그리 심각하지 않았지만, "방법이 없다"는 체념과 그로 인한 연쇄적 붕괴가 회사를 파산으로 이끌었다. 이는 마치 작은 상처가 적절한 치료 없이 방치되어 결국 생명을 위협하는 감염으로 발전하는 것과 같다.

2. 1시간 만에 작성하는 '위기 대응표'의 힘

∴ 위기 대응표의 핵심 구성

- 위기 유형 정의 (자금·인재·법적·평판 등 3~5개)
- 징후 지표 (각 위기의 조기 경고 신호)
- 즉시 행동 지침 (위기 발생 후 24~48시간 내 취할 구체 액션)
- 책임자 지정 (각 행동의 명확 담당자)
- 외부 연락망 (전문가·기관·파트너 연락처)

위기 대응표의 가치는 그 완벽함이 아니라 존재 자체에 있다. 단순히 이러한 구조화된 접근법이 있다는 사실만으로도 위기 상황에서 경영자의 인지적 부하가 크게 줄어든다. 이는 불확실성

과 스트레스가 최고조에 이른 순간에 '다음 단계'를 명확히 제시함으로써 정신적 마비 상태를 극복하게 해준다.

∴ 작성 원칙

- 완벽함보다 실행 가능성 우선
- 복잡 매뉴얼 대신 A4 한 장의 간결성
- 최악 시나리오에서도 첫 48시간 집중

위기 대응에서 가장 큰 함정은 '완벽한 계획'을 세우려는 유혹이다. 현실에서 위기는 거의 항상 예상치 못한 형태로 발생하며, 따라서 세부적인 매뉴얼보다는 핵심 원칙과 첫 단계에 집중하는 것이 효과적이다. 심리학적으로 위기 상황에서는 의사결정 능력이 크게 저하되므로, 미리 준비된 '첫 몇 단계'가 인지적 마비 상태를 극복하는 데 결정적인 역할을 한다.

TIP

완벽한 대응책은 없다. 하지만 '방법이 없다'고 손 놓는 것보다, 간단한 대응표라도 마련하면 생존율 3배 이상↑. 대응의 질보다 대응 속도가 위기 극복 핵심.

3. 위기 유형별 구체적 대응 지침

∴ 자금 위기 대응

- 징후 : 운영자금 2개월↓, 주요 미수금 지연
- 즉시 행동 :
  1. 지출 우선순위 재설정(인건비 > 핵심 거래처 > 기타)
  2. 미수금 회수 가속(할인 조건 검토)
  3. 핵심 거래처 결제 조건 임시 조정 협상
- 책임자 : 재무담당/CEO 직접
- 외부 연락망 : 은행 담당자, 투자자, 긴급 자금 지원프로그램

자금 위기는 가장 직접적이고 눈에 보이는 위기 유형이지만, 역설적으로 가장 단기적으로 극복 가능한 위기이기도 하다. 여기서 핵심은 소위 '슬로우 페이, 패스트 콜렉트(slow pay, fast collect)' 전략을 얼마나 체계적으로 실행할 수 있는가에 있다. 또한 자금 위기를 해결하는 접근법은 모든 비용을 일률적으로 삭감하는 것이 아니라, 가장 중요한 요소(인재, 핵심 거래처)는 오히려 더 보호하는 지혜를 필요로 한다.

∴ 인적 위기 대응

- 징후 : 핵심 인재 이직 의사, 팀 갈등 심화
- 즉시 행동 :
  1. 1:1 면담(24시간 내)
  2. 역할·권한 조정 + 인정 강화
  3. 핵심 업무 백업 플랜 가동
- 책임자 : 직속 관리자 or CEO

- 외부 연락망 : 채용 에이전시, 임시 인력 공급처

인적 위기는 표면적으로 드러나기 전에 이미 심각한 단계로 진행되는 경우가 많다. 따라서 '징후'를 민감하게 포착하는 것이 핵심이다. 주목할 점은 인적 위기 대응에서 가장 중요한 요소가 '인정(recognition)'이라는 사실이다. 경제적 보상보다 자신의 가치와 기여가 인정받고 있다는 느낌이 위기 상황에서 인재 유지에 더 결정적인 역할을 한다.

4. 실패를 성공으로 전환한 사례 분석

∴ F사 CEO의 위기 대응 성공 사례

- 갑작스런 규제 변화로 주력 사업 중단 위기
- 3개월 전 작성한 위기 대응표 덕분에 CEO는 패닉 대신 체계적 대응 :
  1. 24시간 : 규제 전문가 컨설팅→ 대안 모델 협의
  2. 48시간 : 전 직원 상황 공유 + 전환 계획 수립
  3. 1주 : 주요 고객 대상으로 대안 서비스 제안
  4. 1개월 : 매출 70% 유지하며 사업 구조 완전 전환

같은 상황에서 대응표 없이 '방법이 없다' 체념했으면 매출 손실 90% 이상 전망이었을 것.

F사의 사례가 보여주는 가장 중요한 통찰은 위기 대응의 '탄력성(resilience)'이다. 사전에 준비된 대응표는 단순한 문서가 아니라 조직이 위기에서도 기능을 유지하고 적응할 수 있는 능력

을 제공한다. 또한 F사 케이스에서 주목할 점은 규제 변화라는 외부 충격을 '사업 구조 완전 전환'의 기회로 활용했다는 점이다. 이는 위기가 단순한 방어가 아닌 적극적 혁신의 계기가 될 수 있음을 시사한다.

경고 : 위기 상황에서 CEO의 첫 반응은 전체 조직에 증폭된다. '방법이 없다' 한마디가 예상보다 훨씬 큰 피해를 부른다. 불확실해도 '지금 할 수 있는 일'을 말해주는 게 리더의 핵심.

Before & After : 위기 대응 준비의 실제 효과

	Before	After
마인드	""CFO·법무팀 없으니 어쩔 수 없다.""	""지금 할 수 있는 일부터 해보자.""
위기 발생 시	상황 방치→ 악순환 가속화	"24시간 내 구체적 액션으로 신속 안정"
직원 인식	이탈·생산성 급락	"위기 극복 과정에서 팀워크 강화"
평균 회복 기간	6개월+ (회복 불능 다수)	"2~4주 (더 강한 조직으로 재탄생)"

비교표에서 가장 주목할 부분은 '회복 기간'의 차이다. 동일한 위기 상황에서도 접근 방식에 따라 결과가 극명하게 갈리는데, 특히 흥미로운 점은 '더 강한 조직으로 재탄생'하는 현상이다. 이는 위기를 통과한 조직이 얻는 '면역력' 같은 것으로, 공유된 도전과 극복의 경험이 조직 문화와 결속력에 긍정적 영향을 미친다.

∴ 자주 묻는 질문 (FAQ)

Q : "이미 위기라 '방법이 없다'라고 말해버렸는데, 되돌릴 수 있나요?"

A : 지금이라도 "새 대안을 찾았다"라며 구체 행동 계획을 제시하라. 실수를 인정하면서도 지체 없이 새 방향을 내놓으면, 조직은 놀라울 만큼 빠르게 분위기 반전 가능.

Q : "소규모 회사에도 이 방식이 효과가 있을까요?"

A : 오히려 더 효과적. 의사결정이 빠르고 실행이 용이. 실제로 직원 10명 이하 기업 중 위기 대응책이 준비된 곳은 미준비 기업보다 생존율 3배 높다는 조사도 있음.

▣ 핵심 요약 : "방법이 없다"는 말 대신 "지금 할 수 있는 일"에 집중

위기는 모든 기업에 온다. 차이는 그걸 어떻게 맞이하느냐에 있다. "방법이 없다"라는 체념은 상황보다 더 큰 피해를 야기하지만, 단 1시간 투자로 만든 위기 대응표는 생존율을 3배+α 높인다.

위기 상황에서 리더십의 본질은 불확실성 속에서도 방향을 제시하는 능력에 있다. 완벽한 해답을 갖고 있지 않더라도, '지금 할 수 있는 일'을 명확히 제시함으로써 조직은 무력감과 혼란에서 벗어나 행동할 수 있게 된다.

완벽한 대응책을 기다리지 말고, 지금 당장 A4 한 장에 위기 유형별 행동지침을 써보라. 이것만으로도 위기 발생 시 당신 기업은 경쟁사와 완전히 다른 결과를 거둘 것이다.

위기는 준비한 자에게 기회가 될 수 있다.

M&A 후 통합과정에서
실패한 기업들의 뼈아픈 교훈

▣ 위기가 기회로 전환되는 순간의 심리학

"인수합병 후 문화 충돌로 1년 만에 핵심 인력 대부분이 떠났습니다."

이는 R기업이 겪은 슬픈 결말이다. 기업의 외형적 통합은 이루어졌으나, 내적 통합에 실패하며 인적 자원이라는 가장 소중한 자산을 잃어버린 사례다. 통계에 따르면 M&A의 약 70%가 기대했던 가치를 창출하지 못하는데, 그 주요 원인 중 하나가 바로 '문화적 통합 실패'다.

반면, 비슷한 상황에 놓였던 S기업은 직원들의 거센 반발을 조직 혁신의 결정적 전환점으로 삼았다. 이들에게 변화에 대한 저항은 단순한 장애물이 아니라, 조직이 주목해야 할 중요한 신호였다. 거센 반발 속에서 견고한 소속감과 열정의 씨앗을 발견한 것이다.

두 기업의 차이는 무엇이었을까? 바로 위기 상황에서 CEO가 어떤 관점과 대응을 택하느냐가 조직 운명을 극적으로 갈라놓았다.

실패하지 않는 기업은 없다. 차이는 실패를 어떻게 바라보고 다루느냐에 달려 있다. 특히 M&A처럼 급격한 변화 상황에서, 조직은 예상 못한 도전에 맞닥뜨린다. 이번 장에선 그런 위기를 성장 기회로 바꾼 CEO들의 사고방식과 실행 전략을 살펴본다.

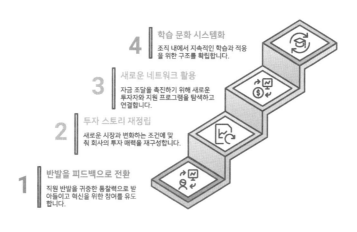

4 학습 문화 시스템화
조직 내에서 지속적인 학습과 적용을 위한 구조를 확립합니다.

3 새로운 네트워크 활용
자금 조달을 촉진하기 위해 새로운 투자자와 지원 프로그램을 탐색하고 연결합니다.

2 투자 스토리 재정립
새로운 시장과 변화하는 조건에 맞춰 회사의 투자 매력을 재구성합니다.

1 반발을 피드백으로 전환
직원 반발을 귀중한 통찰력으로 받아들이고 혁신을 위한 참여를 유도합니다.

실패를 성장으로 전환

1. 직원 반발이 혁신 문화의 씨앗으로 변모한 과정

∴ A기업 사례 : '반발'에서 '건설적 참여'로

A기업은 인수 후 새로운 기술 시스템을 도입하면서 현장 직원들의 강한 저항에 직면했다. 일반 대응이라면, 하향식으로 결정을 밀어붙이거나 형식적 설득에 그쳤을 것이다. 대부분의 기업이 선택하는 이런 접근법은 표면적으로는 저항을 잠재우는 것처럼 보이지만, 실제로는 더 깊은 곳에 분노와 무력감을 심는 결과를 낳는다.

그러나 A기업 CEO는 다른 접근을 택했다. 그는 "반발은 관심과 열정의 다른 표현"이라는 관점에서 상황을 해석했다. 변화에 대한 반발이 있다는 것은 그만큼 조직과 업무에 깊이 관여하고 있다는 신호로 받아들인 것이다. 이는 단순한 마인드셋의 변화가 아니라, 실질적인 행동으로 이어졌다.

1. 직원들이 자유롭게 의견 제시할 수 있는 '솔직한 토론회' 개최
2. CEO가 직접 진행, 현장에서만 알 수 있는 실질 문제를 드러냄
3. 이를 시스템 개선에 적극 반영
4. 이 과정이 일회성이 아닌 정기적 '혁신 포럼'으로 발전

이러한 접근법의 심층적 의미는 단순한 의견 청취를 넘어선다. 이는 조직 내 권력 구조와 의사결정 방식에 대한 근본적 재고를 의미한다. 현장 직원들이 비판하고 개선할 권한을 갖게 됨으로써, 그들은 단순한 '실행자'에서 '공동 창조자'로 역할이 확장된다.

그 결과, A기업은 직원 이탈률 60%↓, 현장 발명·개선 제안 300%↑라는 놀라운 변화를 겪었다. "우리 의견이 실제 변화를 만든다"는 믿음이 조직 전반에 퍼지며, 반발은 점차 건설적 참여로 전환됐다.

∴ 혁신 토론회 핵심 원칙

- 비판·문제 지적에 대한 처벌 없음
- CEO가 직접 참여, 중요성 강조
- 제안된 아이디어에 48시간 내 피드백
- 채택 아이디어에 대한 공개 인정·보상

이 원칙들은 단순한 지침이 아니라, 조직 문화의 근간을 형성하는 약속이 된다. 특히 '처벌 없음'의 원칙은 심리적 안전감을 조성하는 데 결정적인 역할을 한다. 연구에 따르면 심리적 안전감이 높은 팀은 혁신적 아이디어 도출과 문제 해결에서 월등한 성과를 보인다.

2. 자금 조달 위기에서 새로운 투자 기회로의 역전 전략

∴ B기업 : M&A 후 예기치 못한 자금 압박

M&A 후 흔히 발생하는 자금 압박 상황에서, B기업은 기존 투자자들이 추가 투자를 거부하며 파산 직전까지 몰렸다. 여기서 CEO는 과감한 전략 전환을 결단했다.

1. 과거 실패를 솔직히 분석·문서화

2. 기존 모델에 AI·ESG 접목한 새 투자 스토리 개발

3. 완전히 다른 투자자 그룹(산업 특화 VC, 전략 투자자) 타겟팅

이 접근법의 심층적 의미는 '실패를 어떻게 프레이밍하는가'에 있다. 대부분의 기업들이 실패를 숨기려 하지만, B기업은 오히려 이를 적극적으로 활용했다. '실패했다'가 아니라 '중요한 시장 통찰을 얻었다'로 재구성한 것이다.

결과는 놀라웠다. 이전보다 30% 높은 기업가치로 새 투자 라운드에 성공했다. 실패를 숨기지 않고, 거기서 얻은 통찰과 개선된 전략을 어필해 오히려 투자자 신뢰를 끌어냈다. "이미 중요한 실패를 겪어본 팀은 동일 실수를 반복하지 않는다"는 논리가 설득력 있게 다가간 것이다.

이는 단순한 위기 관리를 넘어선 전략적 재구성이다. 실패를 통해 얻은 시장 지식, 경쟁 구도 파악, 고객 니즈 이해 등이 오히려 경험적 자산으로 인정받은 사례다.

∴ 투자 재유치를 위한 3단계 접근법

1. 실패 원인 심층 분석 + 구체 학습 포인트 도출

2. 학습 반영한 사업 모델 고도화 + 새 시장 트렌드 접목

3. 이전과 다른 투자자 그룹 타기팅, 맞춤 피칭 전략

이 접근법의 핵심은 단순히 자금을 구하는 것이 아니라, 실패 경험을 통해 얻은 학습을 기업 가치의 핵심 요소로 재구성하는 데 있다. 특히 두 번째 단계인 '사업 모델 고도화'는 실패로부터의 배움을 실질적인 비즈니스 혁신으로 연결하는 중요한 징검다

리가 된다.

3. 실패를 성장 기회로 전환한 CEO들의 공통 원칙

성공적으로 위기를 넘긴 CEO들 간엔 몇 가지 공통 행동 패턴이 보인다. 이는 단순한 심리 마인드셋을 넘어, 구체적 행동 원칙으로 구현된다.

∴ 1) 문제 직시·솔직한 인정

위기를 딛고 성공한 CEO들은 예외 없이 문제를 직시하고, 이를 조직 내외부에 솔직히 인정하는 용기를 가졌다. 문제를 숨기는 순간, 해결 기회도 사라진다는 원칙이다.

이는 단순히 도덕적 차원의 문제가 아니라, 실질적인 문제 해결의 출발점이 된다. 현실을 정확히 인식하지 못하면, 모든 해결책은 그림자 복싱에 불과하기 때문이다. 더욱 중요한 것은 이러한 솔직한 인정이 조직 내 심리적 안전감을 형성하는 토대가 된다는 점이다.

∴ 2) 체계적 학습 메커니즘 구축

실패 경험을 그냥 지나치지 않고, 분석·문서화해 조직 지식으로 만들었다. C기업은 "실패로부터의 학습" 세션을 정기 개최, 특정 프로젝트 실패 원인을 분석·향후 의사결정에 반영했다. 이로써 실패→조직 자산이 되는 선순환이 만들어졌다.

이런 접근법의 가치는 개인적 경험을 조직적 지식으로 전환하는 데 있다. 대부분의 조직에서 실패 경험은 개인의 기억 속에 묻히거나, 악명 높은 사례로만 남게 된다. 그러나 체계적인 학습 메커니즘을 통해 실패로부터 얻은 통찰을 조직 전체가 공유할 수 있는 지식으로 변환할 때, 실패는 비로소 가치 있는 투자가 된다.

∴ 3) 작은 성공 축적·가시화

대규모 변화는 작은 승리가 쌓여서 이루어진다. 성공적 CEO들은 변화 과정에서 의도적으로 작은 성공을 창출·조직 전체 공유했다. 이를 통해 반발을 참여로 바꾸는 추진력을 확보했다.

이 원칙의 심리학적 기반은 '진전의 원칙'에 있다. 인간은 본능적으로 진전을 이루고 있다고 느낄 때 더 높은 동기부여와 만족감을 경험한다. 작은 성공의 가시화는 변화의 긴 여정 중에 이정표를 세워주는 역할을 한다. 특히 위기 상황에서는 이러한 작은 성공이 희망의 증거가 되어 지속적인 노력을 이끌어내는 원동력이 된다.

Before & After : 위기 대응 방식 효과

	Before	After
직원 반발	억압·무시	"반발을 건설적 제안으로 이끄는 채널 구축"
자금 조달 위기	기존 투자자만 의존, 회복 어려움	"새 투자 스토리 + 새 투자자 그룹 발굴"
실패 처리 방식	숨기거나 책임 회피	"실패를 학습·혁신 원천으로 재정의"

이 비교표는 위기 대응 방식의 근본적 차이를 보여준다. 특히 주목할 점은 각 항목이 서로 긴밀히 연결되어 있다는 사실이다. 예를 들어, 실패를 학습 원천으로 재정의하는 접근법은 리더십에 대한 신뢰를 강화하고, 이는 다시 직원들의 건설적 참여를 촉진하는 선순환을 만든다.

∴ 자주 묻는 질문 (FAQ)

Q : "우리 회사는 이미 실패가 커서 회복 불가능하다고 느껴집니다. 방법 있나요?"

A : 실패 규모보다 중요한 건 그에 대한 접근 방식입니다. 어떤 규모의 실패라도 1) 원인 정확 파악, 2) 구체 개선 조치 실행, 3) 재시도 과정을 거치면 극복 가능합니다. 실패를 숨기지 말고, 오히려 해결한 성공 사례로 변환하는 데 집중하세요. 투명성과 학습 의지를 보여주는 것이 회복의 첫 단계입니다.

이 답변의 핵심은 실패의 객관적 규모보다 그에 대한 주관적 해석과 대응이 더 중요하다는 점을 강조한다. 실패를 단순히 '해야 할 일을 하지 못한 것'으로 보는 대신, '중요한 학습 기회'로 재해석할 때 실패는 그 크기와 상관없이 성장의 발판이 될 수 있다.

▣ 결론

위기와 실패는 피할 수 없지만, 이를 어떻게 해석·대응하느냐가 기업 미래를 결정한다. 실패를 두려워하기보다, 이를 성장의 자양분으로 전환할 줄 안다면, 어떤 도전적 환경도 기업을 더 강하게 만든다.

특히 M&A 등 급격한 변화 시기에는 직원 반발·자금 압박 등 예상치 못한 문제가 발생하기 마련이다. 이때 CEO가 투명성, 학습 지향적 접근, 작은 성공의 축적이라는 원칙으로 대응하면, 뼈아픈 실패도 장기적 혁신의 기반이 될 수 있다.

실패와 위기는 기업 성장의 필연적 동반자다. 중요한 것은 위기의 존재 자체가 아니라, 그것을 어떻게 해석하고 대응하느냐의 문제다. 위기를 배척하기보다 학습 기회로 삼는 자세가, 결국 기업을 파산이 아닌 도약의 길로 안내한다.

M&A 이후의 어려움은 그저 감내해야 할 고통이 아니라, 더 강한 조직으로 거듭나는 성장통이자 변혁의 촉매제가 될 수 있다. 그 변화의 출발점은 위기를 바라보는 CEO의 시선에서 시작된다.

2025년 성과를 100년 기업 기반으로 전환하는 로드맵

▣ 미래를 만드는 것은 '지금'의 선택

"올해부터 준비 안 하면, 2년 뒤엔 이미 늦다."

이 말은 단순한 경고가 아닌, 경영 현실의 냉정한 진단이다. H사 CEO는 5장에서 배운 위기관리와 조직혁신 방법론을 1년간 착실히 적용했다. 겉으로 보기에는 지루하고 즉각적 성과가 보이지 않는 작업이었지만, 바로 이 '보이지 않는 기초 공사'가 놀라운 결실로 이어졌다. 3년 만에 글로벌 투자 유치와 프랜차이즈 확장을 동시에 달성한 것이다.

"단기 위기 극복과 장기 비전 수립은 별개 과제가 아니라, 하나의 연속선상에 있는 여정"이라는 H사 CEO의 통찰은 단순한 레토릭이 아니다. 이는 위기관리의 본질을 꿰뚫는 철학적 관점이다. 위기관리는 단순히 생존을 위한 방어적 조치가 아니라, 진정한 도약의 근간이 되는 적극적 토대 구축 과정인 것이다.

이 장에서는 현재의 도전을 어떻게 미래 성장 기반으로 전환할 수 있는지, 실질적인 로드맵을 살펴본다.

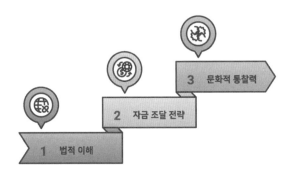

글로벌 시장 진출 준비

1. 글로벌 진출·Pre-IPO로 가는 연결 고리

∴ 단기 생존 전략 vs. 장기 성장 비전

5장에서 다룬 위기관리 방법은 단지 현재 문제를 해결하는 데 그치지 않는다. 이는 마치 항해 중 폭풍을 만났을 때, 단순히 배를 지키는 것을 넘어 항해 기술 자체를 향상시키는 과정과 같다. 위기 극복 과정에서 형성된 체계적 대응 능력, 투명한 의사결정 구조, 조직 회복탄력성은 지속 가능한 성장 기반을 다지는 첫 걸음이 된다.

∴ **E사의 사례**

- 심각한 자금난에 빠졌지만, 5장의 전략으로 1년 만에 안정화
- 그 과정에서 만들어진 체계적 위기 대응 프로토콜 + 경영 투명성이 투자자 신뢰를 높임
- 결과 : Pre-IPO 단계에서 업계 평균보다 20% 높은 밸류로 투자 유치 성공

E사의 사례는 위기 극복이 단순한 '살아남기'를 넘어 기업 가치의 본질적 향상으로 이어질 수 있음을 보여준다. 역설적이게도, 위기를 투명하게 대처한 기업은 위기를 겪지 않은 기업보다 오히려 시장에서 더 높은 신뢰와 가치를 인정받는 경우가 많다. 이는 위기가 기업의 실체적 역량을 드러내는 일종의 '스트레스 테스트'로 작용하기 때문이다.

∴ **글로벌 진출·Pre-IPO 2년 준비 체크포인트**

1. 재무 안정성 (부채비율 50%↓, 6개월 이상 운영자금)
2. 의사결정 프로세스 체계화(이사회 운영 규정)
3. 핵심 경영진 장기 비전 정렬(3년 이상 공동 목표)
4. IP·무형자산 가치 정립(특허·브랜드 자산 문서화)

흥미로운 점은, 위기 극복에 성공한 기업일수록 글로벌 확장·IPO 준비가 유리하다는 것이다. 이는 단순한 우연이 아니다. 위기 극복 과정에서 형성된 탄탄한 내부 시스템과 의사결정 역

량이 장기적 도전의 필수 기반이 되기 때문이다. 마치 운동선수가 부상을 극복하는 과정에서 더 강한 근육과 회복 능력을 갖추게 되는 것과 같은 원리다.

2. 비즈니스 모델 진화를 위한 선제적 준비

프랜차이즈·SaaS 등 모델 전환은 많은 기업이 꿈꾸는 성장 경로이지만, 그 과정에는 예상 못한 도전이 숨어 있다. 표면적으로 보이는 성공 사례 이면에는 수많은 실패와 시행착오가 존재하며, 이를 미리 예측하고 대비하는 것이 성공의 관건이다.

∴ 프랜차이즈 확장 시 핵심 대비
- 가맹점 갈등 관리 프로토콜 (5장의 '위기 대응표' 응용)
- 브랜드 가치 통제 + 표준화 시스템
- 로열티 수금·분쟁 해결 메커니즘

프랜차이즈 모델의 진정한 도전은 확장 속도가 아니라 '균질한 경험'을 어떻게 유지할 것인가에 있다. 가맹점이 늘어날수록 브랜드 일관성과 품질 관리는 기하급수적으로 복잡해진다. 이 과정에서 5장에서 배운 위기 대응 체계는 가맹점과의 갈등 관리에 직접적으로 응용될 수 있다. 문제를 사전에 예측하고, 발생 시 체계적으로 대응하는 역량이 프랜차이즈 성패를 가르는 핵심 요소다.

∴ SaaS 모델 전환 시 필수 준비

- 고도화된 CS·기술지원 인프라 (5장의 '인재 이탈 방지' 전략 활용)
- 정기 구독 모델 대비 현금흐름 관리 방안
- 서버 인프라 확장 + 선제적 투자 계획

SaaS 모델로의 전환은 단순한 판매 방식 변경이 아닌 비즈니스 철학 자체의 전환을 의미한다. 일회성 판매에서 지속적 관계 중심으로 비즈니스 초점이 이동하면서, 고객 성공(Customer Success)이 핵심 요소로 부상한다. 이러한 변화는 조직 문화와 핵심 역량의 근본적 재편을 요구하며, 이 과정에서 5장의 인재 관리 전략이 중요한 역할을 한다.

- F사의 SaaS 전환
- 초기 6개월 심각한 고객 이탈 경험
- 원인 : 기존 인력으로 새 모델 CS 요구 충족 불가
- 5장의 '인재 위기 대응' 노하우로 전담 CS팀 신속 구축 + 교육 체계 확립
- 결과 : 구독 유지율 65%→95% 급증

F사의 사례는 비즈니스 모델 전환이 단순한 수익 구조 변경이 아니라 전체 조직 역량의 재배치를 요구함을 보여준다. 특히 주목할 점은 위기 대응 과정에서 구축된 인재 관리 체계가 새로운 환경에 즉각 적용될 수 있었다는 점이다. 이는 5장에서 배운 위기 대응 역량이 단순한 '소방 작업'이 아니라 조직의 근본적 적응력을 향상시키는 자산임을 증명한다.

3. 시장 선점 효과의 실질적 가치

"오늘 시작하면 5년 후 결실을 기대할 수 있다."

이 말은 단순한 격려가 아닌, 시장 역학의 객관적 현실을 반영한다. 경영 환경 변화는 갈수록 빨라지고 있으며, 디지털 전환, 글로벌화, ESG 등 새로운 트렌드는 준비 기간의 중요성을 부각시킨다. 시장 선점 효과는 교과서 이론이 아니라, 실제 비즈니스 가치와 직결된다.

∴ G사 vs. H사의 프랜차이즈 확장

- 둘 다 같은 계획, G사는 1년 늦게 시작
- 3년 후, H사는 상권 65% 선점, G사는 30% 선점
- 브랜드 인지도는 3배 이상 차이
- 단순 1년 출발 차이가 기하급수적 결과를 낳음

G사와 H사의 사례는 시장 선점의 복합적 효과를 보여준다. 단순히 먼저 시작했다는 시간적 우위를 넘어, 초기 진입자가 획득하는 학습 경험, 브랜드 인지도, 핵심 위치 선점, 파트너십 구축 등이 누적적으로 작용하여 경쟁 우위를 기하급수적으로 확대시키는 것이다. 이는 마치 복리 효과와 같이, 시간이 지날수록 그 격차가 더욱 벌어지는 현상으로 나타난다.

∴ 2~3년 장기 로드맵 체크리스트

- 글로벌 진출 준비 :

- 현지 법규·문화 조사
- 잠재적 파트너십 구축(6개월↑ 필요)
- 언어·문화 장벽 극복 전략

∴ **Pre-IPO 기반 조성 :**
- 이사회 구성·운영 체계화
- 장기 IR 스토리텔링(투자자별 맞춤 전략)
- 재무·회계 시스템 국제 기준 부합

∴ **프랜차이즈 확장 :**
- 표준 매뉴얼·교육 시스템
- 가맹점 선정·평가 프로세스
- 분쟁 해결·브랜드 보호 메커니즘

∴ **SaaS 모델 전환 :**
- 서버 인프라 확장·보안 체계
- 구독 모델 현금흐름 시뮬레이션
- CS·고객 성공 전담 조직 설계

이러한 체크리스트들은 단순한 '해야 할 일' 목록이 아니다. 이는 각 경로별로 최소 2~3년의 준비 기간이 필요한 심층적 변화 과정을 요약한 것이다. 이 준비 과정이 충실하게 이루어졌을 때, 표면적으로는 '갑작스러운 성공'처럼 보이는 도약이 가능해진다.

▣ 결론 : 단기 생존과 장기 비전은 하나의 여정

오늘의 위기관리 역량이 내일의 글로벌 성장 동력이 된다. 이 둘은 별개의 활동이 아니라, 하나의 연속된 여정의 다른 측면이다. 위기를 극복하는 과정에서 단련된 경영 역량, 의사결정 체계, 조직 회복탄력성은 장기적 성장의 견고한 토대가 된다.

지금 준비해야 한다. 2년 뒤, 당신은 오늘의 결정을 고맙게 여길 것이다. 이는 단순한 격려가 아닌, 비즈니스 생태계의 냉정한 현실을 반영한 조언이다. 준비는 위기가 닥친 후가 아닌, 평온한 시기에 이루어져야 한다. 마치 우산을 맑은 날 준비해야 하는 것처럼, 성장을 위한 기반은 위기 이전에 구축되어야 한다.

단기 생존과 장기 비전은 별개가 아니다. 서로에게 시너지를 주는 연속선상에서, 5장에서 배운 전략들이 어떻게 단기 도전을 극복하면서 장기 도약의 기반이 되는지, 구체적 로드맵을 꾸려 실행해야 한다. 이제 오늘의 결정이 2025년 성과와 그 뒤 100년 기업을 향한 기반을 닦는 열쇠가 될 것이다.

위기 대응과 장기 비전 사이의 이 미묘한 연결고리를 인식하고 활용하는 기업만이 진정한 의미의 '백년기업'으로 성장할 수 있을 것이다. 단기적 생존에만 집중하는 기업은 영속하지 못하고, 장기적 비전만 추구하는 기업은 내일을 맞이하지 못한다. 두 시간축을 유기적으로 연결하는 지혜가 바로 컨설팅 경영의 핵심이다.

글로벌 투자자들이 몰려드는
5가지 기업가치 증폭요소

▣ 투자자의 시선으로 기업을 바라보다

"AI와 ESG는 일시적 유행 아닌가요?"

이렇게 묻는 CEO들은 현대 투자 생태계의 근본적 변화를 인식하지 못하고 있다. 이는 마치 디지털 혁명기에 인터넷을 일시적 유행으로 치부했던 기업들의 오판과 유사하다. 글로벌 투자자들은 이미 AI·ESG 역량을 갖춘 기업에 자금을 집중하고 있으며, 이는 단순한 선호가 아닌 장기적 가치 창출에 대한 깊은 통찰에 기반한다.

H테크사의 사례는 이러한 변화를 명확히 보여준다. 이 기업은 IP(지적재산권), 브랜드, 조직문화, 후계구도라는 4대 무형자산을 ESG·AI 역량과 전략적으로 결합해 기업가치를 3배로 끌어올렸다. 이는 단순한 전술적 움직임이 아닌, 기업 존재 방식을

근본적으로 재정의하는 패러다임 전환이다.

현대 기업가치 평가에서 무형자산 비중은 1975년 17%에서 2020년 90%까지 급증했다. 이러한 변화는 산업구조가 물리적 자산에서 지식·정보 기반으로 이동한 결과이지만, 그 이면에는 투자자들의 시각 변화가 자리한다. 특히 AI+ESG 역량이 결합된 무형자산은 투자자들에게 장기적 성장 가능성의 가장 신뢰할 수 있는 지표로 인식되고 있다.

이번 장에서는 글로벌 투자자들이 주목하는 5대 가치 증폭 요소와 이를 구현하는 구체적 방법론을 살펴본다.

현재 기술 보호
현재의 독창적인 기술과 프로세스를 보호하기 위한 조치

미래 시장 선점
미래의 시장 기회를 선점하기 위한 계획

경쟁 우위 확보
시장에서의 경쟁 우위를 달성하기 위한 전략적 조치

IP 전략 개발 과정

1. 지적재산권(IP) : 혁신의 보호막이자 미래가치 원천

지적재산권(IP)은 단순한 법적 보호장치를 넘어 미래 가치 창출의 근본 기반이다. 특히 AI·ESG 영역의 특허·상표·저작권 등은 기업가치 평가에 결정적 영향을 미친다. 이는 단순히 현재 기술을 보호하는 차원이 아니라, 미래 시장에서의 독점적 지위를 확보하는 전략적 자산이다.

∴ L기업 사례

- AI 기반 에너지 효율화 기술 특허 포트폴리오 구축
- 일반 에너지 기업 대비 평가액 2.3배 상승
- 투자자들은 이 IP 자산이 "미래 시장 경쟁우위 + 수익 지속성"을 보장한다고 평가

L기업의 사례는 특허 자체의 가치보다, 그것이 상징하는 '미래 시장에서의 주도권'에 투자자들이 얼마나 큰 가치를 부여하는지 보여준다. 이는 특허의 법적 가치를 넘어선 전략적 자산으로서의 의미를 강조한다.

∴ IP 포트폴리오 구축 전략

1. AI 접목 친환경 솔루션 핵심 알고리즘 특허화
2. 데이터 수집·분석 방법론 저작권 확보
3. ESG 성과 측정·보고 프레임워크 상표권 등록
4. 기술+가치 결합한 차별화된 IP 생태계 구축

IP 전략의 핵심은 단편적 기술 보호가 아닌, 상호 연결된 IP 생태계를 구축하는 것이다. 특허, 저작권, 상표권이 유기적으로 연결될 때, 경쟁사의 모방이 실질적으로 불가능한 진입장벽이 형성된다. 실제로 IP 자산을 통해 투자 유치 시 기업가치 1.5배+ 높일 수 있다.

M벤처캐피털 담당자의 말에 따르면, "ESG·AI 영역의 IP는 미래 시장 선점의 가장 신뢰할 수 있는 신호"이다. 이는 IP가 단순한 기술 자산이 아닌, 기업의 미래 지향적 사고방식과 혁신 역량을 보여주는 지표로 인식됨을 의미한다.

2. 브랜드 : 기술+가치의 감성 연결고리

브랜드는 기업의 기술 역량과 사회적 책임을 시장과 투자자에게 감성적으로 연결하는 매개체이다. 이는 단순한 로고나 슬로건이 아닌, 기업의 존재 이유와 미래 비전을 응축한 문화적 자산이다. 특히 ESG·AI 시대에서 브랜드는 복잡한 기술과 추상적 가치를 이해하기 쉬운 스토리로 전환하는 역할을 한다.

∴ K소셜벤처 사례
- 친환경+AI 기술을 결합한 브랜드 스토리로 IR 프로세스 단축
- "기술로 지구를 구한다"는 단순+강력 메시지, 모든 접점에 일관 적용

K소셜벤처의 사례는 단순성과 일관성의 힘을 보여준다. 복잡한 기술적 설명 대신, 핵심 가치와 기업 미션을 명확하게 전달함으로써 투자자들이 기업의 방향성을 직관적으로 이해하게 만든 것이다.

∴ 브랜드 자산 구축 핵심
- 기술 혁신+사회 가치 유기적 결합
- 시각적 일관성 + 스토리텔링 지속성
- 고객·투자자 모두 공감대 형성 메시지
- 기업 내부 문화와 외부 이미지 일치

브랜드 구축의 진정한 도전은 외부 이미지와 내부 현실 사이의 일치를 만드는 것이다. 표면적 브랜딩을 넘어, 조직의 DNA에 브랜드 가치가 내재화될 때 진정한 브랜드 자산이 형성된다. 브랜드 자산이 탄탄히 구축된 기업은 위기 상황에서도 높은 회복력을 보이며, 글로벌 투자 시장에서 프리미엄을 받는다.

N투자그룹의 조사에 따르면, ESG·AI 브랜드 자산을 보유한 기업은 투자 유치 과정에서 30% 이상 높은 기업가치를 인정받는다. 이는 브랜드가 단순한 마케팅 도구가 아닌, 기업가치의 핵심 구성요소로 자리 잡았음을 의미한다.

3. 조직문화 : 지속가능한 혁신 엔진

조직문화는 혁신의 지속가능성을 좌우하는 근본 요소이다.

특히 AI·ESG 분야의 혁신은 전통적 조직문화로는 지속하기 어렵다. 수직적 의사결정, 실패에 대한 처벌, 단기 성과 중심 평가는 AI·ESG가 요구하는 실험적이고 장기적인 접근을 방해한다.

∴ A사 사례

- '심리적 안전' 문화 도입 후 직원 주도 혁신 프로젝트 300% ↑
- 이 문화 변화는 직원 만족을 넘어, 실질적 가치 창출 기반이 됨

A사의 사례는 조직문화가 단순한 분위기 문제가 아닌, 혁신 역량의 직접적 결정 요인임을 보여준다. '심리적 안전'이라는 추상적 개념이 구체적인 혁신 프로젝트 증가로 이어진 것은, 문화가 얼마나 강력한 경영 자산인지를 증명한다.

∴ ESG·AI 시대 적합 조직문화 요소

- 실패를 학습으로 재정의하는 실험 문화
- 부서 경계를 초월하는 유연한 협업
- 다양성·포용성 기반 의사결정
- 공유된 목적 의식 + 사회 가치 지향

이러한 문화적 요소들은 단순한 조직 분위기 이상의 의미를 가진다. 이들은 AI·ESG 시대에 필요한 지속적 혁신, 복잡한 문제 해결, 다양한 이해관계자 연결이라는 과제를 해결하기 위한 필수 인프라이다.

전 세계 글로벌 투자자들은 장기 성장 잠재력을 평가할 때, 재무제표보다 조직문화에 더 큰 중점을 두고 있다. O벤처캐피털 파트너의 말을 빌리자면, "우리는 제품과 시장만 보는 것이 아니라, 그 기업의 문화적 DNA가 지속적 혁신을 가능케 하는지를 먼저 본다."

4. 후계 구도 : 혁신 지속성을 담보하는 장치

리더십 전환기에 혁신 모멘텀이 깨지는 현상은 기업에 치명적이다. 특히 AI·ESG와 같은 장기적 혁신 분야에서 리더십 교체로 인한 정책 변화는 심각한 위험 요소이다. 후계 구도는 단순한 인사 문제가 아닌, 기업의 장기적 지속가능성을 결정하는 전략적 과제이다.

∴ P기업 vs. Q기업
- P기업 : 창업자 갑작스런 은퇴로 AI 혁신 중단, 시장 가치 40%↓
- Q기업 : 5년간 체계적 후계 계획 → 리더십 전환에도 혁신 속도 유지

두 기업의 극명한 대비는 후계 구도가 단순한 경영권 이전 이상의 의미를 가짐을 보여준다. 특히 장기적 혁신이 필요한 AI·ESG 분야에서 리더십 연속성은 기업가치를 좌우하는 핵심 변수이다.

∴ 후계 구도 구축 요소

- 핵심 가치·비전 명문화 및 제도화
- 차세대 리더 장기 양성 프로그램
- 이사회·핵심 의사결정 체계 안정성
- 창업자 정신 + 전문 경영 시스템 균형

후계 구도는 단순히 다음 리더를 정하는 것이 아닌, 기업의 핵심 가치와 혁신 DNA가 지속될 수 있는 시스템을 구축하는 과정이다. 명확한 후계 구도를 갖춘 기업은 글로벌 투자자에게 "예측 가능성"이라는 프리미엄을 제공한다. 이는 ESG·AI와 같이 장기적 일관성을 요구하는 투자 분야에서 특히 중요한 요소이다.

5. 통합적 접근 : 시너지를 통한 가치 극대화

앞서 살펴본 4가지 요소(IP, 브랜드, 조직문화, 후계구도)는 개별적으로도 중요하지만, 유기적으로 연결되어 ESG·AI 역량과 결합될 때 진정한 가치 증폭이 일어난다. 이는 단순한 합산이 아닌, 상승적 시너지를 통한 기하급수적 가치 창출을 의미한다.

∴ R그룹 사례

- IP·브랜드·조직문화·후계구도를 통합 관리 + ESG·AI 전략 연계한 '무형자산 통합관리' 시스템 구축
- 글로벌 투자 유치에서 경쟁사 대비 3.5배 높은 가치 인정

R그룹의 사례는 무형자산의 진정한 가치가 개별 자산의 합이

아닌, 그들 간의 유기적 연결에서 발생함을 보여준다. 이들은 IP가 브랜드 메시지로 연결되고, 그 메시지가 조직문화에 스며들며, 후계 구도를 통해 지속되는 통합적 생태계를 구축했다.

Before & After : 기업가치 증폭 요소의 실제 효과

	Before	After
포커스	단기 재무성과	"무형자산 가치를 체계적 구축·관리"
ESG·AI 접근	별개 프로젝트로 분산	"핵심 무형자산 + ESG·AI 유기적 통합"
투자자 소통	재무중심 결과만 강조	"장기 지속가능성· 가치 창출 메커니즘 설명"
글로벌 투자 유치	어려움, 낮은 가치 평가	"선제적 관심 + 프리미엄 가치로 접근"

이 비교표는 단순한 방법론 차이를 넘어, 기업가치에 대한 근본적 인식 변화를 반영한다. '단기 재무성과'에서 '장기 가치 창출 메커니즘'으로의 이동은 기업경영의 패러다임 전환을 의미한다.

▣ 자주 묻는 질문 (FAQ)

Q : "IP·후계구도 같은 걸 지금 당장 다 해야 하나요?"

A : 단기간에 완벽한 구축은 현실적으로 어렵다. 핵심은 각 영역에서 작은 단계부터 체계적 접근을 시작하는 것이다. 예컨대 IP 전략의 첫걸음으로 핵심 기술 특허 가능성 검토, 후계 구도의 기초로 핵심 가치·경영 원칙 문서화부터 시작할 수 있다. 이러한 초기 노력이 2~3년 후

가시적 기업가치 상승으로 이어진다.

이 질문은 많은 중소기업 CEO들이 가진 현실적 고민을 반영한다. 완벽주의에 빠져 아무것도 시작하지 못하는 것보다, 점진적이고 체계적인 접근이 장기적으로 더 큰 가치를 창출한다는 점을 강조한다.

▣ 결론

글로벌 투자자들은 '지금 좋은 성과'만 보는 것이 아니라, 미래에도 지속적 가치를 창출할 역량을 가진 기업을 찾는다. IP·브랜드·조직문화·후계구도라는 4대 무형자산이 ESG·AI 역량과 결합될 때, 기업은 지속가능한 가치 창출 능력을 투자자들에게 명확히 증명할 수 있다.

무형자산은 단순한 추가 요소가 아니라, 기업가치를 배가하는 근본적 요소이다. ESG·AI 시대에 이들은 백년기업 구축의 필수 기반이며, 글로벌 투자자들이 몰려드는 결정적 이유이기도 하다.

현대 기업경영의 핵심 역설은 보이지 않는 것이 가장 큰 가치를 창출한다는 점이다. 눈에 보이는 생산시설, 제품, 단기 수익보다 눈에 보이지 않는 IP, 브랜드, 조직문화, 후계 구도가 기업의 장기적 가치를 좌우한다. 이러한 무형자산에 대한 체계적 접근은 단순한 선택이 아닌, 글로벌 시장에서 생존하고 번영하기 위한 필수 전략이다.

지금 시작 안 하면 2년 후
추월 불가능한 결정적 이유

▣ 시장의 조용한 격변 : 지켜볼 것인가, 주도할 것인가

"ESG·AI가 대세라는데, 우리 회사는 좀 더 지켜봐도 될까요?"

K사 대표의 이 질문은 많은 중소기업 경영자들의 공통된 고민을 반영한다. 표면적으로는 합리적인 관망의 자세처럼 보이지만, 이러한 '지켜보기' 전략이 가진 숨겨진 위험성은 간과되고 있다. 관망의 시간이 길어질수록 회복 불가능한 격차는 더욱 깊어진다.

경쟁사 P는 이미 탄소저감 AI 솔루션으로 원가 20% 절감과 ESG 투자 유치에 성공했다. 이는 단순한 비용 절감이나 일회성 투자 유치를 넘어, 시장 내 근본적인 경쟁 구도를 재편하는 변화의 시작점이다. 이 격차는 시간이 지날수록 기하급수적으로 벌어져, 2년 후면 돌이킬 수 없는 차이를 만든다.

현재의 선택이 미래의 가능성을 어떻게 제한하는지, 그리고 왜 '지금 당장의 시작'이 내일의 성패를 좌우하는지 살펴본다.

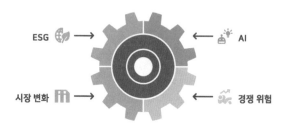

ESG 및 AI로 경쟁 우위 확보

1. ESG·AI가 시장 우위를 결정하는 현실

∴ 핵심 이득 요약

- ESG 우수 기업 : 투자·인재·소비자 선호에서 모두 우위
- AI 선도 기업 : 생산성↑, 비용↓, 시장 혁신 우위

과거에는 브랜드력이나 생산 규모가 경쟁력을 좌우했다면, 현재는 ESG 대응과 AI 활용이 시장 우위를 결정하는 핵심 변수로 부상했다. 이는 대기업뿐 아니라 중견·중소기업에게도 예외가 아니다. 오히려 중소기업은 자원 제약 속에서 더욱 효율적인 차별화 전략이 필요하기에, ESG·AI의 전략적 도입이 더욱 중요할 수 있다.

∴ 금융권 사례

- ESG 평가점수에 따라 대출 금리·한도 차등 적용
- 협력사 선정에서도 ESG 대응 수준이 핵심 평가 요소로 작용

금융권의 이러한 변화는 단순한 정책 변경이 아닌, 경제 생태계 전체의 근본적 패러다임 전환을 의미한다. 대출과 투자 조건이 변화함에 따라, ESG는 선택이 아닌 생존의 필수 요소로 자리잡고 있다.

∴ AI 도입의 직접 효과

- 10인 이하 소기업도 고객 데이터 분석부터 생산 최적화까지 클라우드 AI로 성과↑
- 이는 단순 트렌드가 아니라, 산업 구조의 근본적 변화

AI는 더 이상 대기업만의 전유물이 아니다. 클라우드 기반 AI 솔루션의 등장으로, 중소기업도 적은 초기 투자로 AI의 혜택을 누릴 수 있게 되었다. 이는 기업 규모에 상관없이 모든 시장 참여자의 게임 규칙을 바꾸는 근본적 변화다.

2. "이미 이득을 보고 있다"라는 구체적 증거

∴ ⑴ 투자·공모 수요 증가

- ESG·AI 도입 기업은 동일 매출 대비 20~30% 기업가치 프리미엄
- S중소기업, ESG 경영 후 투자 라운드에서 40억 원 추가 확보

이러한 수치는 ESG·AI가 '미래의 약속'이 아닌 '현재의 실질적 자산'임을 증명한다. 투자자들은 ESG·AI 역량을 갖춘 기업에게 더 높은 가치를 부여하며, 이는 단순한 프리미엄이 아닌 미래 성장 가능성에 대한 실질적 평가다.

∴ (2) 비용 효율 + 매출 증대 동시 달성

- G물류기업 : AI 기반 배송 최적화로 25% 비용 절감 + 30% 매출 증가
- P제조업체 : AI 품질관리 도입 6개월 만에 불량률 18%↓, 에너지 15%↓

ESG·AI는 비용 절감과 매출 증대라는 두 마리 토끼를 동시에 잡을 수 있게 한다. 이는 단순한 비용 대비 효과를 넘어, 비즈니스 모델 자체의 효율성을 근본적으로 향상시키는 접근법이다.

∴ (3) 인재 유치·유지

- ESG 경영 기업은 MZ세대 인재 지원율 35% 높고, 이직률 22%↓
- 중소기업도 동일 현상

인재 확보가 갈수록 어려워지는 현실에서, ESG·AI는 인재 유치의 강력한 무기가 된다. 특히 MZ세대는 기업의 가치관과 미래 지향성을 중요한 선택 기준으로 삼기 때문에, ESG·AI에 대한 진정성 있는 접근은 인재 확보의 결정적 요소가 된다.

3. 지금 안 하면 2년 뒤 따라잡기 힘든 기술적·구조적 이유

∴ 핵심 인사이트

• AI : 데이터·학습 축적이 핵심 → 늦게 시작할수록 격차 기하급수 확대

• ESG : 조직문화·프로세스 전환에 최소 2년 필요 → 선도 기업과 격차 더 커짐

ESG·AI의 성과는 단순한 기술 도입이나 정책 선언으로 얻어지는 것이 아니다. 이는 시간을 통해 축적되는 데이터, 경험, 조직문화의 결과물이다. 이러한 축적의 시간을 줄일 수 있는 지름길은 존재하지 않는다.

∴ AI 격차 원리

• AI 경쟁력은 기술 도입만으로는 확보되지 않음

• 데이터 축적 + 반복 학습이 정교함을 만듦

• 먼저 시작한 기업은 더 많은 데이터·경험 보유 → 후발 주자가 동일 기술 도입해도 격차 좁히기 어려움

AI는 데이터에 의존하는 기술이다. 동일한 AI 기술을 적용하더라도, 더 많은 데이터와 학습 경험을 가진 기업이 더 정확한 예측과 의사결정을 할 수 있다. 이는 마치 복리 효과와 같이, 시간이 지날수록 격차가 기하급수적으로 확대되는 특성을 가진다.

∴ ESG 격차 원리

- ESG 경영은 단기간에 완성 불가
- 지속가능 공급망 구축, 탄소 배출 관리, 거버넌스 체계 정립에 24개월 소요
- 그 동안 선도 기업은 시장 신뢰·투자·인재 확보에서 우위 확보

ESG는 단순한 지표 개선이 아닌, 기업 문화와 가치체계의 근본적 변화를 요구한다. 이는 하루아침에 이루어질 수 없으며, 조직 전체의 학습과 적응 과정을 필요로 한다. 이 기간 동안 발생하는 선도 기업과의 격차는 단순한 시간 차이가 아닌, 시장 포지셔닝의 근본적 변화를 의미한다.

∴ 'ESG·AI 당장 착수' 실행 포인트 체크리스트

- 올해 내 ESG·AI 마스터플랜 수립(소규모 TF라도)
- 중기(1~2년) 프로젝트 설정 (에너지 효율화, AI 마케팅 등)
- 내부 교육 + 외부 협력 네트워크 구축
- 분기별 성과 측정·조정 메커니즘 설계

이 체크리스트의 핵심은 '완벽한 준비'가 아닌 '즉각적인 시작'에 있다. 소규모로 시작하더라도, 시간적 우위를 확보하는 것이 장기적 성공의 열쇠다.

∴ 체크리스트 활용 시 기대효과

6개월 내 완료한 중소기업 :

- 18개월 내 투자유치 가능성 62%↑

- 영업이익률 12.5% ↑
- 우수인재 유치 경쟁력 40% ↑

이러한 수치는 단순한 예측이 아닌, 실제 ESG·AI를 선제적으로 도입한 기업들의 사례를 통계적으로 분석한 결과다. 이는 '지금 시작하는 것'의 실질적 가치를 명확히 보여준다.

▣ 이 장의 핵심 가치 요약

1. 경쟁사는 이미 ESG·AI로 투자·매출·인재 유치 혜택을 누리고 있음
2. 2년 미루면 데이터·조직문화 격차가 커져, 추월이 사실상 불가능해짐
3. 작은 시도라도 당장 시작해야 2년 뒤 큰 도약의 기회를 잡을 수 있음

ESG·AI는 단순한 트렌드나 일시적 붐이 아닌, 비즈니스 생태계의 근본적 재편을 이끄는 구조적 변화다. 이러한 변화에 대응하는 기업의 시기적 선택은 단순한 전술적 판단이 아닌, 기업의 생존과 미래 성장 가능성을 좌우하는 전략적 결정이다.

▣ 자주 묻는 질문 (FAQ)

Q : "우리 규모로 ESG·AI는 무리 아닌가요?"

A : 정부 지원 프로그램·클라우드 AI 등으로 소규모 기업도 충분히 시작 가능하다. 매출 100억 미만 기업도 월 50만 원 이하 비용으로 핵심 영역부터 시작할 수 있다. 완벽

한 시스템보다 작게라도 시작하는 것이 중요하다.

이 질문은 많은 중소기업 경영자들의 현실적 고민을 반영한다. 중요한 것은 규모의 크기가 아닌 시작의 시기다. 소규모로 시작하더라도, 데이터와 경험의 축적 과정을 조기에 시작하는 것이 장기적 관점에서 훨씬 더 가치 있는 선택이다.

Q : "어디서부터 시작해야 할지 모르겠습니다."

A : 본 장의 체크리스트를 따라, 비용 대비 효과가 큰 영역부터 시작하면 된다. 예를 들어 에너지 사용량 모니터링, 고객 데이터 분석, 생산 효율화 등 즉각적인 효과를 볼 수 있는 분야가 좋은 출발점이 된다.

출발점에 대한 고민은 많은 기업들이 ESG·AI 도입을 미루는 주요 이유 중 하나다. 그러나 '완벽한 시작'을 기다리는 것보다, 작은 영역에서라도 실질적인 첫 걸음을 내딛는 것이 중요하다. 작은 성공 경험이 더 큰 변화의 동력이 된다.

▣ 결론 : 시간은 기다려주지 않는다

ESG·AI는 선택이 아닌 필수가 되어가고 있다. 이 변화의 물결에서 '지켜보는' 전략은 더 이상 안전한 선택이 아니다. 오히려 시간이 지날수록 따라잡기 어려운 격차가 만들어지는 위험한 선택이 될 수 있다.

오늘의 작은 시작이 2년 후 기업의 생존과 성장을 좌우할 것이다. 완벽함을 기다리기보다, 지금 당장 시작해야 한다. 그것이 미래의 자신에게 할 수 있는 가장 현명한 투자다.

CHAPTER5. 핵심요약

《CFO·법무팀이 없어도, 작은 실행과 체계적 대비만으로
위기를 기회로 전환하며 미래 성장의 디딤돌을 놓을 수 있다
: 킹핀 3가지》

▣ 불확실성을 넘어서는 생존과 성장의 방정식

경영의 여정에서 위기는 결코 예고하지 않는다. 특히 자원이 제한된 중소기업에게 위기는 존폐를 가르는 결정적 순간이 될 수 있다. 그러나 흥미로운 점은, 같은 위기 상황에서도 어떤 기업은 무너지고 어떤 기업은 오히려 도약한다는 사실이다. 이 차이는 우연이 아닌, 위기를 바라보는 관점과 대응하는 방식에서 비롯된다. 자원의 부족을 탓하며 손을 놓는 기업과, 제한된 자원 속에서도 체계적 접근법을 찾아내는 기업 사이에는 근본적인 마인드셋의 차이가 존재한다.

▣ 킹핀1. CFO·법무팀 없이도 위기를 막아내는 '1시간 위기 대응표'

위기가 닥쳤을 때 "법무팀도, CFO도 없으니 어쩔 수 없다"라며 손을 놓는 순간, 작은 문제는 순식간에 기업의 존폐를 위협하는 대형 리스크로 확산된다. 그러나 놀랍게도, 소규모 조직이라도 단 1시간이면 작성 가능한 '위기 대응표'만 갖추어도 대응의 질과 속도가 극적으로 달라진다. 자금난, 법적 분쟁, 핵심 인재 이탈과 같은 주요 위험을 간략히 분류하고, 위험 징후, 즉각적 실행 항목, 담당자, 외부 연락망을 A4 한 장에 정리해두는 것만으로도, 현장에서의 판단 지연으로 골든타임을 놓치는 상황을 예방할 수 있다.

이 체크표의 강점은 복잡한 매뉴얼과 달리 긴급 상황에서 즉시 꺼내 확인할 수 있는 실용성에 있다. CFO나 법무팀이 없어도 '자금 부족 시 ○○은행 담당자 연락, 계약 분쟁 시 ○○ 변호사 자문 의뢰'와 같은 단순화된 시나리오만으로도, 조직은 혼란에 빠지지 않고 최소한의 돌파구를 찾을 수 있게 된다. 문제의 본질은 전문 인력의 부재가 아닌, 자포자기하는 태도에 있다. 위기 대응표는 "방법이 없다"는 무력감을 극복하고, 누구라도 즉각 행동할 수 있게 하는 강력한 촉매제로 작용한다.

▣ 킹핀2. 실패를 혁신과 투자 기회로 뒤집는 CEO들의 '실패 역전 공식'

직원 반발, 자금 경색, 인수합병 후 문화 충돌과 같은 '실패 시나리오'는 어떤 기업이든 맞닥뜨릴 수 있는 현실이다. 그러나 동일한 위기 상황에서도 일부 CEO들은 이를 '혁신 문화 정착'과 '새로운 투자 유치 성공'으로 역전시킨다. 그 핵심에는 문제를 회피하지 않고 투명하게 인정하며, 학습과 조정→신속한 재시도의 순환 고리를 끊임없이 가동하는 태도가 자리한다.

예컨대 직원들의 반발에 직면했을 때, '왜 불만이 생겼는가?'를 진지하게 경청하고, 그 불만을 건설적인 개선 제안으로 승화시키는 구조를 만들어 '저항'을 '혁신'으로 전환한다. 자금 조달이 막혔을 때도 이미 거절한 투자자에게만 집착하지 않고, 새로운 투자 스토리와 해외 자본, 정부 지원, 엔젤 투자 등 다양한 채널을 적극 탐색해 '돌파구'를 창출한다. 이처럼 실패를 "우리는 이런 한계가 있어서 안 된다"는 변명이 아닌, "이제 무엇을 배우고, 어떻게 다음 단계로 나아갈 것인가?"라는 성장 동력으로 전환하는 것이 진정한 역전의 공식이다.

▣ 킹핀3. 단기 생존 노하우를 '2년 후 글로벌·IPO·프랜차이즈·SaaS'로 확장하라

5장에서 다루는 자금 관리, 인재 유지, 법적 리스크 대응과 같은 '소규모 기업도 실행 가능한 위기 대처법'은 단순한 생존 전술에 그치지 않는다. 이러한 노하우를 토대로 지금부터 2년간 탄탄한 기초를 구축하면, 글로벌 진출, Pre-IPO, 프랜차이즈 확장, SaaS 모델 전환과 같은 대규모 성장 전략의 성공 확률을 획기적으로 높일 수 있다.

정기적으로 비상 시나리오를 업데이트하며 현금흐름, 조직 갈등, 법무 이슈를 즉각 해결할 수 있는 토대를 마련하면, 예상치 못한 외부 충격에도 흔들림 없이 확장 전략을 꾸준히 실행할 수 있는 내구성을 확보하게 된다. 또한 내부에 '신속한 의사결정, 실패에 대한 관용, 끊임없는 재시도'의 문화가 형성되면, 해외 시장의 복잡한 규제나 투자 협상, 프랜차이즈 가맹점 관리와 같은 새로운 도전에 직면했을 때도 유연하고 민첩하게 대처할 수 있게 된다. 결국 작고 구체적인 위기 대응 습관이 기업의 체질 자체를 변화시켜, 2~3년 후 IPO나 글로벌 확장 시 압도적인 경쟁우위를 확보하는 '백년기업'의 견고한 씨앗이 되는 것이다.

이 세 가지 킹핀은 겉으로 보기에는 단순한 위기 관리 기법처럼 보이지만, 그 본질은 기업의 존재 방식 자체를 재정의하는 깊은 통찰을 담고 있다. "자원이 부족하다"는 현실적 제약을 넘어, "지금 할 수 있는 것"에 집중하는 실용적 접근법은 단기적 생존뿐 아니라 장기적 성장의 토대가 된다. 위기는 피할 수 없지만, 위기를 마주하는 방식은 선택할 수 있다. 그리고 이 선택이 궁극적으로 기업의 미래를 좌우한다. 당신의 기업은 위기의 파도 앞에서 좌초할 것인가, 아니면 그 파도를 타고 더 멀리 나아갈 것인가?